La vida minimalista

— — — — — ✥✥✥✥ — — — —

descubre las estrategias para deshacerte de las cosas y ordenar tu vida y tu hogar sin ponerte nervioso.

Chloe S

ii

Contenido

Manuscrito 1.. 1

Introducción 2

Capítulo 1: Una visión general del minimalismo 4

La Historia del Minimalismo 4
¿Qué es el Minimalismo? 7
¿Por qué Elegir el Minimalismo? 9
Por qué la vida simple es importante 16

Capítulo 2: La Mentalidad Minimalista 19

El Porqué del Minimalismo.................................... 19
¿Qué es exactamente el Minimalismo? 19
El Alto Costo del Exceso de Cosas 21

Capítulo 3: Importancia del Minimalismo 23

1. Menos estrés y ansiedad 23
2. Relaciones más fuertes 24
3. Límites saludables 25
4. Más tiempo 25
5. Menos estrés sobre las finanzas 26
6. Un hogar simplificado 26
7. Favorable al medio ambiente 27
8. Una vida espiritual más profunda....................28
9. Libertad...28

Capítulo 4: Cómo Vivir Una Vida Minimalista Simple 30

Concéntrate 31

Métodos de organización 32

Adquiere Libertad Financiera. 35

Adopta una Perspectiva Espiritual Única 39

Minimalismo al reducir tus expectativas 40

Minimizando tu hogar..................................... 44

Capítulo 5: Minimalismo y felicidad................. 47

1. Reduce tus Dependencias................................. 47

2. Escucha Algunos Post-Rock.......................... 47

3. Medita...48

Capítulo 6: Minimizando tu vida para la tranquilidad mental 50

Compulsión al Desorden...............................51

Nada Más Que Sentimientos............................ 52

Capítulo 7: Posesión y minimalismo 55

Capítulo 8: 30 Días Para Simplificar Tu Vida ... 57

Capítulo 9: Consejos y trucos para el minimalismo 62

1. Escribe tus Razones 62

2. Reclama Tu Tiempo 63

3. ¿Qué Valoras?.................................... 65

4. Decir "No"....................................... 66

5. El Minimalismo es un Viaje 67

6. Almacena Cosas Fuera de la Vista 68

7. Reducir el Tiempo de Cocción.......................... 69

8. Delega 70

9. Toma Descansos.................................71

10. Limpiar las Redes Sociales 72

11. Rutinas de la Mañana 72

12. Otras Rutinas 73

13. Olvídate de la Perfección 75

14. Haz lo que Amas 75

15. Evalúa tu Horario 76

16. Explora el Mundo 77

17. Haz Algo Nuevo 78

18. Libera Ataduras 79

19. Enamórate de ti mismo 80

20. Evalúa tu Entretenimiento en el Hogar 81

**Capítulo 10: Cómo Mantener Tu Vida
Minimalista** **82**

1. Toma un Descanso de las Compras 83

2. Calidad sobre Cantidad 84

3. Sacúdete de las Ventas 85

4. Concéntrate en tu Mentalidad 86

5. Continúa Practicando 86

6. Encuentra Inspiración 87

7. Hacer Amigos Minimalistas 87

8. Vivir la Vida al Máximo 88

Conclusión **91**

Manuscrito 2 .... **93**

Introducción **94**

¿Por qué organizar? 96

Directriz 1 - Visualizar **101**

Directriz 2 - Dinero **104**

Directriz 3 - Tomar medidas 107

Directriz 4 - Organizar 110

Directriz 5 - Digitalizar 116

¡¡Empecemos!! 118

Plan General del Juego: Consejos 1-19 120

Fundamentos de Feng Shui: Consejos 20-22 125

Conceptos Básicos de Organizar: Consejos 23-26
.... 126

Buenas razones para deshacerte de las cosas: Consejos 27-42 127

Fundamentos Organizativos: Consejos 43-51 .. 130

El Estacionamiento: Consejos 52-57 132

La sala de correo: Consejos 58-67 134

Estrategias de Oficina en Casa: Consejos 68-73 137

La Cocina: Consejos 74-80 139

El Dormitorio: Consejos 81-87 141

El Salón —también conocido como El Baño: Consejos 88-92 143

Mantenimiento: Consejos 93-99 145

Plan del Juego Parte II: Consejo 100 147

Día 1 .... **148**

Día 2 .... **154**

Día 3 ....**155**

Día 4 ....**157**

¡¡Ten cuidado con estos!! **164**

Al Final **168**

Conclusión **171**

Manuscrito 1

MINIMALISMO

————— ❧❧❧❧ —————

*Las estrategias minimalistas prácticas
para simplificar tu hogar y vida*

Chloe S

Introducción

Quiero agradecerte y felicitarte por la compra del libro, *"Minimalismo: Las Estrategias Minimalistas Prácticas Para Simplificar Tu Hogar Y Tu Vida"*.

Este libro contiene pasos y estrategias probadas sobre cómo filtrar y eliminar las cosas sobrantes y vivir tu vida con un propósito. La filosofía del minimalismo se puede aplicar a cualquier parte de tu vida: lo que tienes, lo que haces para trabajar, lo que pones en tu calendario y cómo te relacionas y te conectas con otras personas.

El minimalismo no se trata de vivir en un hogar pequeño y nunca ser dueño de más de 100 cosas (aunque sin duda se puede hacer eso). Vivir como minimalista no significa que tengas que renunciar a las comodidades modernas. Hay un principio rector para decidir qué se queda y qué se va: averigua qué le aporta valor y propósito a tu vida y olvídate del resto.

La aplicación de este principio no es un enfoque único para todos. Cada uno de nosotros, individuos, parejas y familias, utilizaremos esta política para nuestro ciclo y situación particular. Tendremos diferentes respuestas a la pregunta de qué aporta valor y propósito. Estás leyendo este libro por tu interés en el minimalismo. También es probable que sospeches que la intensa búsqueda de nuestra cultura de tener más y hacer más no conduce a la felicidad duradera. Como yo, quieres comenzar a descubrir cómo menos significa más en tu vida.

El minimalismo te ayuda a reevaluar tus prioridades para que puedas identificar y eliminar el exceso que no se alinea con lo que deseas. Aunque el viaje a menudo comienza con la eliminación del desorden físico, también te lleva a soltar el desorden de tu corazón y alma. Trae conciencia al vacío en tu vida que estás tratando de cubrir con cosas que no te llenarán, al menos no por mucho tiempo.

Gracias de nuevo por comprar este libro, ¡Espero que lo disfrutes!

Capítulo 1:
Una visión general del minimalismo

La Historia del Minimalismo

El movimiento minimalista fue uno que comenzó en los Estados Unidos en el mundo del arte en 1960 en respuesta a una cultura del arte que se había vuelto abarrotada y exagerada. Los artistas minimalistas de la época consideraban que el uso excesivo de simbolismos y metáforas en el arte se había vuelto excesivo y reaccionó creando una nueva forma de arte que se centraba en los materiales del arte, más que en el mensaje.

Por ejemplo, en lugar de pintar lienzos sobrecargados con significados ocultos y símbolos, el minimalista podría crear una escultura de una pieza de cerámica desechada o pintar un retrato de un solitario cuadrado rojo. El punto era hacer un retorno de la búsqueda interminable de significado a través de motivos en el arte y en su lugar abrazar la simplicidad de la esencia del arte; sus materiales y forma cruda.

El objetivo era crear obras sin referencias ocultas a la política, la historia, los acontecimientos actuales o los temas candentes, sino simplemente crear trabajos que fueran hermosos en su simplicidad.

La música siguió su ejemplo. Una composición de 1964 del compositor estadounidense Terry Riley llamada simplemente "In C" es ampliamente considerada la primera disposición de una pieza de música minimalista. Al igual que en el mundo del arte, las composiciones musicales se habían sobrecargado con instrumentos y capas innecesarias, creando música que en última instancia era desagradable de escuchar y un ataque a los sentidos. El movimiento minimalista en la música fue un regreso a armonías más directas con menos instrumentos que permitieran al oyente apreciar cada nota.

La moda, también, abrazó el movimiento. La moda minimalista sigue las mismas reglas que en el arte y la música; es decir, rechazar cualquier diseño que esté demasiado complicado o cubierto por logotipos o imágenes que se refieran a cualquier tema y desviar la atención de la forma cotidiana y directa de la prenda. Mucha gente piensa que la moda minimalista significa vestirse solo en negro o en blanco y sin accesorios, pero el estilo minimalista real va más allá, con diseños que pueden ser muy complejos para ser considerados minimalistas porque, en última instancia, cuando se usan, parecen tener formas simplificadas y optimizadas.

Alternativamente, la moda minimalista puede parecer extraña ya que incluso puede llegar a rechazar la forma del cuerpo mismo y, por lo tanto, las prendas pueden diseñarse deliberadamente para desviar la atención de la figura del usuario.

Por supuesto, después de que el movimiento minimalista fuera adoptado en las esferas culturales del arte, la música y la moda, fue adoptado por diseñadores de interiores de todo el mundo. El minimalismo en el diseño de interiores evolucionó un poco más tarde que el minimalismo de la música, el arte y la moda, pero se ha convertido en un estilo favorito en todo el mundo.

El principio fundamental del diseño interior minimalista es "menos es más" y ha sido influenciado por estilos de hogares de todo el mundo, especialmente de estilos de diseño de interiores en Japón. Las casas minimalistas carecen de desorden y usan el color con moderación en un segmento en lugar de utilizar empapelados estampados o murales, por ejemplo.

Mientras que el diseño de interiores adoptó el minimalismo en el siglo XX, la arquitectura de los edificios se estaba volviendo minimalista en el diseño desde la década de 1920. Las estructuras minimalistas a menudo usan formas geométricas como cúpulas y triángulos en su diseño y materiales como vidrio y acero para evitar que los edificios sean demasiado estimulantes para el ojo.

En el mundo moderno, el minimalismo se puede ver en los diseños de dispositivos tecnológicos, como laptops y televisores optimizados sin botones o controles visibles. Durante el último siglo, el minimalismo ha sido adoptado de alguna forma en todas las culturas visuales.

Sin embargo, el movimiento ha crecido desde allí, y hay personas hoy que consideran que el minimalismo no es meramente una ideología estética, sino una forma de vida. La filosofía de un estilo de vida minimalista es vivir sin todo lo no esencial en la vida, como el exceso de pertenencias materiales y los llamativos autos y casas.

Ahora, el estilo de vida minimalista puede no haberse originado directamente de las culturas visuales de las que hemos hablado, pero los ideales son básicamente los mismos, y con frecuencia las culturas visuales minimalistas van de la mano con un estilo de vida minimalista en general. Algunas personas dirían que sus creencias minimalistas provienen, preferiblemente, de un enfoque zen o budista de la vida, según el cual el apego a las posesiones materiales es un obstáculo para la verdadera felicidad.

Para otros, un exceso de posesiones o la demanda de cuentas y tareas del hogar se volvió perjudicial para el estilo de vida que realmente deseaban; vidas llenas de viajes y movilidad fácil. Para estas personas, las posesiones materiales actúan como un ancla para atarlas y evitar que se muevan libremente por la vida. Para otros aún, una vida minimalista es hermana de la vida ecológica, por lo que la verdadera intención es reducir nuestro impacto en la tierra al ser menos dependientes de los bienes de consumo.

¿Qué es el Minimalismo?

Para saber si el estilo de vida minimalista es para ti, hazte estas preguntas críticas:

- ¿Serías capaz de vivir sin tantas posesiones materiales?

- ¿Mejoraría mi vida si tuviera menos cosas materiales?

- ¿Cómo me afectaría a mí y a los que me rodean la reducción del desorden en mi espacio físico y mental?

La forma en que respondas estas preguntas te mostrará el camino hacia la creación de un estilo de vida minimalista. En una sociedad materialista obsesionada con las compras, ¿es posible vivir bien, ser feliz y resistir la necesidad de comprar cosas que no necesitas?

¡Yo diría que sí! Voy a mostrarte exactamente cómo. Cómo puedes disfrutar de la vida, alcanzar la paz interior y llevar una vida feliz completa, con menos pertenencias materiales, menos desorden mental y menos energía dañina.

Este libro está dividido en varias partes que representan diferentes áreas de la vida. En cada sección, encontrarás capítulos o subcategorías con consejos de la vida real relacionados con la región en cuestión.

Para ayudarte, aún más, compilamos un mes de pasos pequeños pero significativos para vivir una vida minimalista. Son todas cosas simples, fáciles y sin esfuerzo que puedes hacer para probar si este estilo de vida te conviene; también, son cosas que muchas personas minimalistas hacen todos los días en todas las áreas de sus vidas.

El minimalismo es una práctica consciente. Es por eso que acuñamos la frase, "El minimalista consciente." Se trata de estar agradecido por lo que posee, saber lo que necesitas (que es diferente de lo que quieres) y usarlo para aclarar tu mente, mejorar tus relaciones y prosperar en cosas simples en lugar de ahogarte en posesiones. En definitiva, se trata de ser feliz con lo que eres y lo que tienes ahora.

Te invito a leer este libro, aplica los consejos que encontrarás aquí como mejor te parezca.

¿Por qué Elegir el Minimalismo?

Ahora que explicamos el objetivo principal del minimalismo, probablemente tengas curiosidad sobre por qué deberías elegir el estilo de vida minimalista. Probablemente estas inclinado a hacer más preguntas:

- ¿Qué bien hará para mis seres queridos y para mí?

- ¿Seré más feliz si decido convertirme en un minimalista?

- ¿No es un poco radical cambiar repentinamente mi vida y salir de mi zona de confort?

- ¿Podré acostumbrarme a gastar/tener menos?

Permítenos tratar de responderlos por ti.

El minimalismo no es vivir en un ambiente estéril, aburrido y monótono. De hecho, es todo lo contrario. La forma en que creas tu vida minimalista depende completamente de ti y de tus prioridades. La filosofía subyacente del minimalismo es brindarte más claridad y libertad financiera, emocional, material y física. Cuando hagas espacio para las cosas y personas verdaderamente relevantes en tu vida, todas las demás áreas comenzarán a seguir también.

Las personas que no están familiarizadas con el estilo de vida minimalista a veces pueden verlo como algo radical o limitante. Pero una vez que te das cuenta y eres consciente de que no necesitas demasiadas cosas materiales para hacerte feliz y satisfecho, ni siquiera está cerca de ser radical. Es simplicidad. Es la capacidad de vivir una vida simple y encontrar sentido y alegría en las cosas que priorizas.

Algunas personas aceptan el cambio, y su transición a un estilo de vida minimalista es fácil, y se acostumbran rápidamente. También hay personas cuyo ajuste al cambio requiere tiempo y esfuerzo. Entonces, la respuesta a esta pregunta es algo que tendrías que estimar de acuerdo con tu personalidad. Si este estilo de vida te conviene y te sientes más ligero y mejor por eso, seguramente te acostumbrarás y lo disfrutarás.

Aquí hay algunas razones clave para abrazar el minimalismo:

• Ya no serás propiedad de tus pertenencias. En cambio, aprenderás a seleccionar cuáles son necesarios y esenciales y cuáles son simples desorden;

• Obtendrás una sensación de libertad y liberación de las presiones de la vida "moderna". Comprenderás que el éxito viene de adentro: de tu sensación de plenitud y no de tener un hogar enorme, varios autos, ropa cómoda, joyas o estatus social.

• Gastarás menos dinero. Y eso es algo bueno. Gastar menos en cosas que no necesitas significa ahorrar en el pago de las cosas que necesitas. Y eso se llama libertad financiera.

• Te sentirás más productivo. Limitar tu mente, tu vida y tu hogar, así como tu espacio de trabajo, puede contribuir significativamente a la productividad. Toda la energía que viene con un lugar demasiado lleno se irá, y una nueva y fresca tomará su lugar. Te traerá positividad, ideas frescas y una sensación de apertura y fuerza de voluntad.

• Aprenderás a no apegarte emocionalmente a los objetos materiales. En cambio, usa esa energía para conectarte con las personas que amas. Eso es mucho mejor para tu bienestar que cualquier artículo que compres.

• La reducción es la palabra clave cuando se adopta un estilo de vida minimalista. Espera reducir significativamente la cantidad de artículos que tú y tu familia poseen. Estos serán elementos que no son esenciales para sobrevivir y vivir, principalmente; son artículos que compraste como una compra impulsiva, cosas que guardas "por si acaso" alguna vez las necesitas, cosas que compras a granel para que nunca te quedes sin ese algo y, básicamente, nada más. Esto crea espacio para el aire, la energía y los elementos esenciales.

• Tendrás más tiempo para dedicarle a tus aficiones, familia y salud. Este es uno de los mejores beneficios del estilo de vida minimalista: tu tiempo estará ocupado por las cosas y las personas que amas en lugar de luchar para comprar más cosas que no necesitas. Los objetos no pueden amarte de vuelta, la gente puede.

• El estilo de vida minimalista inevitablemente trae paz. Sin embargo, algunas personas temen el futuro porque temen que, si no tienen algo, no serán felices, sufrirán o terminarán siendo miserables. El minimalismo no es pobreza. Es solo vivir una vida simple. El dinero en el banco siempre es mejor que no tener dinero y muchas posesiones.

• El minimalismo no restringe tener cosas. Simplemente te enseña a comprar más sustancialmente. Gastar menos (o nada en absoluto) en artículos indignos te deja más dinero para cosas que traerán valor y un cambio positivo en tu vida.

Cuando todos los beneficios se combinan, el resultado es una vida más feliz, más realizada y más significativa. En resumen, la filosofía general del minimalismo es acercarse a tu forma de vida y a cómo piensas acerca de las cosas físicas que posees. ¿Los atributos materiales que tienes en tu vida te empoderan para vivir tus sueños o están restringiendo tu tiempo y energía? ¿El mantenimiento, la organización y el almacenamiento de tus artículos te brindan más tiempo o menos? Deja que la filosofía Minimalista te inspire en este viaje de ser más y tener menos.

La transformación de tu vida actual a un estilo de vida minimalista puede parecer un tanto intimidante. Esto se debe a que estás a punto de realizar un cambio significativo en los hábitos, el consumo, las finanzas y tu vida en general. Aunque sabes que esta diferencia es para mejor, todavía tienes miedo de cómo saldrá todo.

El miedo al futuro y cómo se desarrollará tu vida es normal. Crees que tendrás menos, cuando de hecho, tendrás suficiente. Si nunca has experimentado el estilo de vida minimalista de primera mano, esta es probablemente tu principal preocupación.

Para construir una vida minimalista, primero, debes pensar como un minimalista. Para hacer eso, necesitarás simplificar tu forma de pensar, tus ambiciones, emociones y deseos. Ordena tu mente para hacer espacio para pensamientos nuevos y positivos y para crear una mentalidad de empoderamiento. Luego, puedes continuar y planificar tu hogar minimalista, la decoración de la habitación, la comida, el trabajo, *etc.*

Tu mente crea tu vida. Establece las "necesidades" y los "deseos" y eso te conduce al logro. Estoy segura de que, durante la lectura de este libro, pensaste o pensarás que nunca podrías renunciar a algunas cosas. Porque estás tan apegado emocionalmente a ellos y no quieres perder la bella memoria que esos objetos te recuerdan.

Hay una revelación muy simple detrás de esta filosofía: los recuerdos se forman en tu mente y permanecen en tu corazón para siempre. Decides asociarlos con objetos, y si el propósito no está presente, temes que el recuerdo se desvanezca. Sin embargo, los miedos, como los límites, a menudo son solo una ilusión. La realidad es que tu mente es capaz de mantener el recuerdo vivo todo el tiempo que elijas. Esta es la razón exacta por la cual la gente tiende a guardar tantas cosas: es su tesoro lleno de experiencias que aprecian.

Si aún no está convencido, tenemos un truco minimalista para ti. Si tienes un artículo que no tiene ningún uso práctico, pero contiene un recuerdo preciado, intenta esto: toma una fotografía de la cosa, y puedes verla en cualquier momento sin que ocupe espacio físico.

Por lo tanto, si crees que nunca podrías renunciar a la televisión, a tu auto, a tu casa con muchas habitaciones, a tu armario lleno de ropa y zapatos, a tu comida chatarra favorita y más, piénsalo de nuevo. Tu mente puede adaptarse y adoptar cualquier cosa, en este caso, el estilo de vida minimalista que te traerá muchos más cambios positivos que tu vida actual.

Lo que sigue son algunos pasos simples, consejos y trucos para construir una mentalidad minimalista:

• Reconoce y selecciona tus necesidades. A menudo, las personas no distinguen entre lo que necesitan y lo que quieren. Esto es la verdad de las cosas materiales. Por ejemplo, no necesitamos un nuevo dispositivo, solo lo queremos porque creemos que nos hará la vida más fácil. No necesariamente necesitamos 2-3 autos, solo los queremos por el mismo motivo. La lista continúa ¿Cuánto espacio de gabinete, despensa y mostrador ocupan todos tus instrumentos? Muchas máquinas no se utilizan con la frecuencia suficiente para facilitar la vida. Aunque inicialmente un dispositivo puede acelerar una tarea de cocción, cuenta la cantidad de tiempo que toma limpiar y volver a montar el aparato después de la función.

• Elimina la mentalidad de "solo en caso". Gran parte del desorden en nuestros hogares proviene del acaparamiento de artículos que no necesitamos de inmediato; más bien, creemos que podríamos necesitarlos en un futuro hipotético. Mantenemos esos artículos "por las dudas" temiendo que no sobreviviremos sin ellos. Ejemplos de artículos 'por si acaso' para eliminar son todas esas cestas de mimbre extra, varios artículos de artesanía. Otra forma de definir los artículos "por si acaso" sería artículos no esenciales (por ejemplo: cestas de mimbre, artesanías variadas, zapatos poco prácticos o pilas de bolígrafos que conservas). Contrasta eso con artículos esenciales como extintores de incendios o botiquines de primeros auxilios.

• Toma tu tiempo. Convertirse en un minimalista es un cambio masivo, y no ocurre de la noche a la mañana. Gradualmente, comenzarás a darte cuenta de cómo funciona este estilo de vida y ajustar tus expectativas debe ser por el proceso. Para algunas personas, podría suceder en un par de semanas; para algunos, uno o dos meses y otros, podría llevarle más tiempo. Ten fe, mantén tus metas en mente y todo encajará en su lugar.

• Practica. El comienzo puede ser difícil, especialmente si no has probado la vida minimalista antes. La clave para una transición exitosa es practicar. Empieza de a poco. Deshazte de cosas que no haz usado en años (especialmente tres años o más); limpia el garaje; tu despensa, etc. Con práctica, aprenderás a seleccionar objetos y clasificarlos como esenciales o no esenciales.

• Haz una lista de pros y contras. Se honesto, objetivo y ve la pregunta como si no fuera la tuya. Esto puede ayudar significativamente en el proceso.

• Ser un nuevo minimalista consiente tomará tiempo y paciencia. A través de este proceso, comenzarás a valorar más a las personas, menos a los objetos y a vivir la vida como nunca antes. Te sentirás más libre, mientras solo dejas ir todos estos elementos no esenciales que te agobian.

Por qué la vida simple es importante

Como humanos, hay cosas esenciales que necesitamos para sobrevivir. Necesitamos ropa para mantenernos calientes. Necesitamos comida para nutrir nuestro cuerpo. Construimos casas para refugio.

Y luego hay cosas que no estaban en la vida, para la recreación y el consumo.

Hoy, sin embargo, la mayoría de nosotros queremos cosas que antes no existían. Estas cosas pueden traer alegría y satisfacción, u obsesión innecesaria y adicción. El internet nos ha brindado información ilimitada sobre el mundo que nos rodea. Si querías acceso inmediato a películas, tienes Netflix. En lugar de recolectar álbumes de música, puedes descargar cientos a través de iTunes. Si quisieras lucir inteligente, una estantería digital de clásicos literarios podría funcionar su magia para ti.

Podemos hablar con personas a pesar de las largas distancias. Podemos llevar nuestro trabajo a cualquier parte. Puedes trabajar en varias cosas a la vez en varias pantallas debido a la avalancha de tantas aplicaciones que podrían hacer cualquier cosa. La vida y el trabajo se vuelven más eficientes, rápidos y prácticos.

Pero el progreso tiene sus pros y sus contras. Nos bombardean con anuncios que remodelan nuestro deseo de posesiones materiales. Queremos casas más grandes, autos más rápidos, tecnología más avanzada, ropa de moda, cocina cara y más.

El consumo es necesario, pero en exceso, no lo es. Muchos de nosotros trabajamos más por cosas que luego podemos darnos cuenta que no necesariamente queremos. Poseer demasiadas cosas obstaculiza no solo nuestros movimientos sino también las prioridades esenciales. Estas prioridades son un asiento secundario hasta que comprendamos más adelante que hemos perdido tanto tiempo en buscar cosas que no necesitamos.

Y debido a los avances tecnológicos, se espera que trabajemos más, ya que todo está casi automatizado. Esto lleva al hábito de la multitarea. Tampoco ayuda que la adicción actual a las pantallas nos lleve a la mayoría de nosotros a tener menos horas de sueño, más estrés y hábitos poco saludables.

¿Sientes que eres una de esas personas mencionadas anteriormente? ¿Estás trabajando duro, pero sientes que no estás logrando mucho? ¿Te das cuenta de que muchas de tus posesiones te están robando demasiado dinero, tiempo, energía y concentración?

Todo esto se puede cambiar, pero hay que cambiar de pensamiento organizando tu entorno físico y tu mente. El primer paso para lograr esto es tener más espacio para moverte y ayudar a despejar tu cabeza. Necesitas estar en un entorno donde no siempre estés estresado porque tienes demasiadas cosas que hacer, o porque no tienes suficiente tiempo para trabajar en tus objetivos y estar con las personas que amas.

Creo que estarás de acuerdo conmigo cuando digo que la mayoría de nosotros deseamos vivir vidas cómodas y bien equilibradas. Todos queremos espacio y tiempo suficiente para reflexionar y decidir cómo queremos pasar cada hora dentro de un día y nuestro futuro. Esta necesidad de reflexión es algo que ha faltado en nuestra vida moderna. Debemos retroceder para darnos cuenta de lo que es importante para nosotros.

Y todo esto se puede hacer aplicando el concepto de Minimalismo

Capítulo 2:
La Mentalidad Minimalista

El minimalismo apela al deseo de una vida más simple: una vida despejada y no ocupada, llena de más significado, propósito y alegría. Este es un deseo saludable, y seguirlo puede generar muchos beneficios. ¿Quién no quiere claridad mental, libertad financiera, satisfacción, un hogar feliz y una mejor salud, solo por nombrar algunos?

El Porqué del Minimalismo

Es importante saber por qué quieres seguir el minimalismo. Tener un control firme en tu camino para convertirte en minimalista será una fuente constante de combustible para tu motivación para ser uno. Esto importa tanto para aquellos que recién están empezando esta búsqueda como para aquellos que han estado detrás de esto por un tiempo. Y a medida que experimentas una vida minimalista, es probable que encuentres nuevas razones para ser minimalista. Primero, quiero decirte lo que quiero decir con *minimalismo*.

¿Qué es exactamente el Minimalismo?

EL MINIMALISMO ES UN INTERCAMBIO

Cuando pienso en el minimalismo, no pienso en lo que debo abandonar. No se trata de establecer un límite para la cantidad de cosas que puedo mantener. En cambio, se trata de lo que estoy intercambiando. Renunciar a algo siempre es negociar.

Cuando eliminamos nuestras posesiones en exceso, estamos haciendo espacio para algo mejor. *Todo tiene un costo.* Cuando decimos sí a una cosa, le estamos diciendo que no a otra. Una vida minimalista se trata de intercambiar una vida llena de desorden, actividad y ruido por una vida llena de significado, conexión y propósito.

EL MINIMALISMO ES VIVIR CON INTENCIÓN

Cuando aplicas la filosofía del minimalismo a cada parte de tu vida, practicas la intencionalidad. Te haces preguntas como: ¿Necesito esto? ¿Esto me traerá alegría? ¿Esto hace crecer mi carácter? Cuando nos acercamos a nuestro día con la intención de descubrir qué trae felicidad y satisfacción, cada acción posterior se filtra a través de esta lente de propósito consciente.

EL MINIMALISMO ES CONCIENCIA

A medida que aplicas el minimalismo y la intencionalidad a tu vida, comienzas a notar cómo los poderosos mensajes de nuestra cultura han influido en tus decisiones pasadas y presentes.

Puedes estar cuestionando el valor de lo que ha llenado tu hogar, el trabajo que has elegido e incluso la forma en que te conectas con otras personas. ¿Gastas todo lo que tienes en tiempo, energía y dinero en posesiones, trabajo y relaciones, pero todavía anhelas más? Vuelve a menos para encontrar más de lo que buscas.

EL MINIMALISMO ES LA LIBERTAD

Nos guste o no, nosotros, los humanos, hacemos las cosas más complicadas de lo que deben ser. Comparamos nuestras vidas con las que nos rodean y empezamos a pensar que debemos tener lo que tienen, hacer lo que hacen y ser más como ellos. El minimalismo te ayuda a liberarte de seguirle el paso a cualquier otra persona a tu alrededor. Te permite descubrir qué es lo más importante para ti y tu familia. Cambia tu enfoque de lo que todos los demás tienen, hacen o son para lo que te satisface. Somos libres de enfocarnos en lo que importa cuando estamos menos distraídos por todo el ruido y el desorden que nos rodea.

El Alto Costo del Exceso de Cosas

Te invito a que pienses sobre tus cosas por un minuto. Piensa en las cosas que tienes pero que no usas y que quizás ni siquiera te gusten ahora. Pregúntate si hay algunas cosas que has olvidado que posees. ¿Cuánto tiempo has dedicado a adquirir y cuidar las cosas? Como dijo Henry David Thoreau, "el precio de cualquier cosa es la cantidad de vida que intercambias por ello."

Pasamos mucho tiempo en nuestras pertenencias personales. Los almacenamos, los limpiamos, los encontramos, los reparamos, nos preguntamos si valen la pena repararlos, los reemplazamos, nos preguntamos con qué modelo los reemplazaremos, consideramos qué accesorios conseguir con ellos y buscamos la mejor oferta para ellos. Como puedes ver, las pertenencias personales no solo ocupan espacio físico sino también energía mental.

Enfrentémonos con la realidad de que nuestros deseos y objetivos más profundos y sentidos no se satisfacen con más bienes materiales y un calendario repleto. Probablemente estamos buscando rendimientos decrecientes en esta loca búsqueda de *más*: gastar nuestros limitados recursos de tiempo, energía y dinero en hogares rebosantes de cosas y horarios saturados de compromisos, solo para que queden con más ganas. Nuestros calendarios desbordados aumentan el costo de nuestro material favorito. Mientras más ocupados estemos, menos tiempo tenemos para encargarnos de todo.

Hay costos tangibles de nuestras cosas, como dinero y espacio, pero los precios más altos son psicológicos. En la cultura actual, los bienes materiales se han convertido en sustitutos de las conexiones profundas y significativas. Nos esforzamos por adquirir posesiones y calendarios ocupados, y luego ignoramos las cosas que nos dan una realización y alegría duraderas: crecimiento personal, contribución a los demás, generosidad y relaciones saludables.

El costo real de nuestro exceso de cosas y vidas caóticas va mucho más allá de una etiqueta de precio y un calendario completo. Nuestro consumo excesivo nos está matando a nosotros y a las personas que queremos ser. Te animo a que nunca subestimes los beneficios de eliminar cosas que no necesitas.

Capítulo 3:
Importancia del Minimalismo

Mientras menos tengamos en nuestro plato, física y mentalmente, ¡más energía y gratitud podemos tener para la vida que queremos y la vida que tenemos! Cuando las personas piensan en los beneficios del minimalismo, a menudo piensan solo en el interés inicial, como en un hogar ordenado. Pero hay beneficios que cambian la vida para ganar a medida que pasas la depuración inicial. No es solo un hogar simple y limpio lo que buscamos. Estamos intercambiando nuestros excesos por cosas que recordaremos y desearíamos tener más, como el tiempo dedicado a perseguir nuestras pasiones y propósito, y en relaciones que traen una transformación positiva.

El minimalismo dirige tus recursos finitos de atención, tiempo, energía y dinero hacia ser y hacer más de lo que más importa. Con este beneficio fundamental, estas en más capacidad de hacer la elección intencional de ser y hacer para lo que estás preparado a ser y a lo que estás creado para hacer. Este beneficio no es solo para algunas personas que tienen la libertad de hacer cambios drásticos en sus vidas. Todos nosotros - incluyéndote a ti y a tu familia- obtendremos beneficios de ello.

1. Menos estrés y ansiedad

Nuestro exceso de cosas probablemente afecte los niveles de estrés de nuestros niños. El exceso de estímulos visuales también es una distracción para ellos. Menos para cuidar significa menos estrés, y esto puede ayudarnos a encontrar más claridad mental. Una vez que el ataque inicial de dopamina de obtener algo se va, el desorden se convierte en un éxodo intelectual constante. Usando imágenes de resonancia magnética y otras herramientas de diagnóstico, la investigación ha descubierto que la confusión perjudica la capacidad de nuestro cerebro para concentrarse y procesar información.

Es posible encontrar más claridad mental a medida que eliminamos las distracciones que implican mantener más de lo que necesitamos e intentar ser alguien para quien no estamos hechos. Simplemente comenzar en este camino puede darle a tu mente más ancho de banda con el que enfocarte en lo que más importa en tu vida.

2. Relaciones más fuertes

Los humanos necesitan conectarse con otros humanos; no queremos estar solos.

Un hogar y un estilo de vida minimalistas nos ayudan a centrar nuestra atención en las personas, en lugar de en las cosas que tienen. Hay más energía y espacio para que las personas y las relaciones florezcan.

No construimos conexiones satisfactorias alrededor de las posesiones, ni siquiera propiedades compartidas. Los enlaces se establecen en torno a experiencias compartidas. No digo que los territorios no tengan nada que ver con nuestras relaciones. Pero cuando usamos gran parte de nuestro tiempo y energía finitos en las propiedades, estamos pasando más tiempo conectando nuestras cosas y nuestros horarios que de lo que nos relacionamos con otras personas. El minimalismo está haciendo una elección consciente de usar cosas y amar a las personas porque lo contrario no nos brindará las conexiones que anhelamos.

3. Límites saludables

El minimalismo te ayuda a establecer límites saludables al darte la claridad para ver todas las cosas que estás haciendo para perder el tiempo. Restablecer los límites para alinearlo con las prioridades es un proceso continuo en un estilo de vida minimalista, pero no es una tarea desagradable. Las recompensas de ser más y menos esforzarse me animan a continuar este viaje. Si no priorizo mi vida, alguien o algo más lo hará.

4. Más tiempo

Conservar más de lo que necesitamos, ya sean tus posesiones o actividades, genera una niebla en nuestra vida diaria que hace que sea más difícil pensar con claridad. Bajo la influencia del desorden, podemos subestimar cuánto tiempo le estamos dando a las cosas menos importantes. El minimalismo te ayuda a ver cómo estás gastando tu tiempo y a pensar más claramente sobre cómo te gustaría contribuirlo.

Hemos encontrado tiempo de claridad en nuestra familia desde que comenzamos a practicar el minimalismo. Esto significa que no vivimos en la tierra de correr entre una actividad y otra. El minimalismo nos ha ayudado a identificar las acciones, incluso las ocupaciones perfectamente buenas, que nos alejan de cosas mejores. Ya no sentimos el impulso de participar en todos los deportes y actividades de enriquecimiento que podrían beneficiar a nuestros niños. Recuerda, esto es algo bueno.

5. Menos estrés sobre las finanzas

El minimalismo financiero nos ha dado la libertad de compartir con aquellos que se benefician mucho más de nuestro exceso de lo que nunca nosotros lo haremos. Pero no solo estamos regalando dinero o cosas que no necesitamos tanto como otros. Estamos renunciando a dinero y posesiones que solo no necesitamos. No solo no lo necesitamos, sino que este exceso también es, cuando menos, una distracción y, en el peor de los casos, ¡nos cuesta más para mantener que para regalar!

6. Un hogar simplificado

Imagina tener una casa llena de no más de lo que agrega valor a tu vida. Cuando ordenas, es más probable que sepas lo que tienes en tu hogar. Encontrar lo que necesitas cuando lo necesitas se convierte en una tarea más manejable cuando desarrollas hábitos libres de desorden. Menos frustración significa menos estrés. Al igual que muchas otras personas, me esfuerzo por vivir en una casa limpia y ordenada, pero no quiero pasar todo mi tiempo libre limpiándola. Tener menos cosas que cubran nuestros pisos, muebles y mostradores de la cocina ha reducido mi tiempo de limpieza a la mitad. Menos tiempo de limpieza es más tiempo para hacer algo que disfrutamos más.

7. Favorable al medio ambiente

Desechamos menos cuando compramos menos, y esto es bueno para nuestro planeta. Para el estadounidense promedio, la ropa es barata y fácilmente disponible. Un resultado de esto es que el estadounidense promedio ahora genera 82 libras de desechos textiles cada año. Aunque me encanta comprar tanto como a cualquier otra persona, ya no me complacen las compras innecesarias de ropa en mi Target local.

El minimalismo ha ayudado a nuestra familia a dar pasos hacia un estilo de vida sin desperdicios. El hecho de que todavía necesitemos una recolección de basura semanal no significa que no podamos o no debamos seguir tomando medidas para reducir nuestra producción de desechos. Cuando es posible, elegimos productos que se pueden usar para toda la vida. Por ejemplo, desechamos nuestras botellas de agua de plástico a favor de las de acero inoxidable. Como cada uno de nosotros tiene y usa nuestra botella de agua, mantenemos el plástico fuera de los vertederos y tenemos menos vajillas para lavar todos los días. El minimalismo ambiental te ayuda a tomar decisiones ecológicas, como elegir productos de belleza sostenibles y reciclables, cancelar tus suscripciones a catálogos, elegir medios electrónicos para libros, revistas y periódicos, cambiar a banca electrónica y registros digitales, compartir el automóvil o usar el transporte público, y limitando el tiempo de tu ducha.

Un hogar minimalista produce menos desperdicio, lo cual es bueno para nuestro planeta y para todos los que vivimos en él.

8. Una vida espiritual más profunda

Muchos de nosotros hacemos un viaje de fe para descubrir lo que realmente necesitamos y lo que debemos ser. Un viaje espiritual puede verse interrumpido por tener demasiado y por tener muy poco. El minimalismo nutre el crecimiento y el descubrimiento de quiénes se espera que seamos. La ocupación es probable que nos dé un falso sentido de propósito y se espera que el materialismo nos proporcione una falsa sensación de bendición. Puede que no lo llamemos materialismo cuando publicamos nuestras imágenes e historias con el hashtag #bendecido en Facebook, Twitter o Instagram; es probable que deseemos expresar nuestra gratitud y resaltar nuestros momentos de felicidad. Pero podemos mostrar nuestro aprecio y satisfacción al dar lo que no necesitamos a alguien que realmente lo necesita. Podemos perseguir y compartir nuestro verdadero propósito cuando rechazamos compromisos que no lo cumplen.

9. Libertad

En definitiva, el minimalismo te da libertad. Libertad de consumismo, deudas y ansiedad por cuidar tus pertenencias. Libertad del peso de los artículos sentimentales. Libérate de la culpa por mantener cosas que ya no sirven para tu propósito. Libertad de aferrarse a tu yo de fantasía y de valorar hasta expectativas poco realistas. Libertad para relajarse y pensar en lo que quieres pensar. Libertad para decir no a las obligaciones adicionales y para hacer mejores conexiones con familiares, amigos y vecinos. De esto es de lo que se trata el minimalismo.

Capítulo 4:
Cómo Vivir Una Vida
Minimalista Simple

La mayoría de las personas piensan que pueden acumular muchas posesiones y aun así poder vivir los sueños que tienen. Pero el problema es que esto no es verdad. Las cosas solo se obtienen en la manera de poder vivir una vida en la que eres libre de hacer lo que quieras y de hacer lo que te plazca. Debes entender que, si vas a vivir una vida de libertad, entonces tendrás que tomarte el tiempo para ver cómo las cosas que tienes te están reteniendo. Una vez que te das cuenta de esto, podrás deshacerte de las cosas que están haciendo exactamente eso. Entonces podrás pasar más tiempo en las cosas que te importan.

Lo primero que debes hacer es examinar cuidadosamente todo lo que posees y examinar lo que se requiere y lo que no. Necesitas ver qué elementos se usan regularmente y cuáles raras veces se usan. Una vez que hayas hecho esto, debes tirar, donar o vender todos los artículos que no usas y conservar todo lo que usas regularmente. Este es el paso inicial y más crucial para lograr la vida que deseas.

Lo siguiente es asegurarte de que no traigas más desorden a tu hogar. Esto significa que te mantienes alejado de lugares donde usualmente compras cosas por el motivo de ellos, como un centro comercial. Si necesitas comprar un artículo y ves que lo vas a usar regularmente, entonces y unicamente así, cómpralo. Sin embargo, verás que la mayoría de las cosas que crees que eran necesidades eran solo compras impulsivas que habrían resultado en más basura entrando a tu casa. Eso es todo lo que hay para conducir una vida minimalista más simple.

Concéntrate

Antes de emprender un nuevo viaje, es importante enfocarte y tener claro lo que estás haciendo. Deseas saber con precisión por qué estás emprendiendo una nueva aventura o camino, y qué significará este estilo de vida para ti. Enfocarte te da la oportunidad de comprender completamente cuáles son tus motivos e intenciones y por qué debes mantenerte comprometido cuando las cosas se ponen difíciles, algo que siempre sucede en un momento u otro.

Con el minimalismo, debes entender que el estilo de vida es más que vivir una vida sin desorden físico. También se trata de vivir una vida libre de desorden mental, emocional y no físico. Debes aprender a mantenerte enfocado en lo que quieres y dejar de pensar en cosas que no te sirven y que no tienen ningún propósito en tu vida. Puedes hacerlo concentrándote y manteniéndote claro en cuáles son tus objetivos.

Inicialmente, enfocarse podría ser extremadamente simple. Por lo general, hay dos razones por las que alguien quiere convertirse en minimalista: o bien no pueden soportar ver el desorden más, o no pueden mantener todas las restricciones de su tiempo. Debido a que ambos implican estrés e incomodidad, las personas se ven impulsadas a hacer un cambio en sus vidas. Sin embargo, puede ser fácil dejar de hacer cambios una vez que llegas a un lugar de comodidad. O bien, es posible que no desees comenzar porque te das cuenta de que cualquier diferencia será menos cómoda de lo que ya estás haciendo. Después de todo, tendemos a permanecer en los estilos de vida que nos resultan más cómodos.

Es crucial que aprendas que mantenerte concentrado y determinado requiere esfuerzo de forma constante. El enfoque es un acto de equilibrio al que debes trabajar regularmente. Cuanto más trabajes para lograrlo, más éxito obtendrás con él. Los siguientes consejos ayudarán tanto a enfocarte y despejarte en tu recorrido, y a aprender a centrar tu atención en el camino. Serás guiado a través de un par de ejercicios periódicos que te brindarán una excelente oportunidad para aclararte y proporcionarte algo a lo que referirte cuando se torna difícil. Estas actividades son esenciales para tu éxito, por lo que es una buena idea invertir el tiempo en completarlas.

Métodos de organización

Organizar es esencial para comenzar un estilo de vida minimalista. Puede parecer una pena deshacerse de elementos perfectamente buenos, pero hay varias formas de justificar la organización para que no te sientas culpable. No necesitas remordimientos para tirar cosas que están gastadas, manchadas o que ya no son útiles para nadie. Algunas de tus cosas de calidad se pueden transmitir a las personas que conoces. Si un amigo a menudo ha comentado que ama una figurilla en particular, algo que no es tan importante para ti, dásela para que pueda disfrutarla.

También puedes donar artículos. Goodwill, Salvation Army y otras organizaciones sin fines de lucro reciben donaciones y aceptan casi cualquier cosa. Un restablecimiento de Hábitat para la Humanidad (Habitat for Humanity ReStores) se alegrará por tus accesorios domésticos desechados.

Siempre puedes realizar una venta de garaje y ganar un poco de dinero mientras te deshaces de cosas que no necesitas; puedes conocer a los vecinos en el proceso. Siempre puedes regalar o tirar lo que sobra. Te sorprenderá lo que la gente tomará cuando sea gratis. Algunas organizaciones sin fines de lucro incluso recogerán tus artículos no vendidos en sus tiendas de segunda mano.

Hay varios métodos disponibles para ayudarte a organizar. Te sugiero que pruebes varios y elijas lo que funcione mejor para ti. Organizar toma tiempo. No des por hecho todo en un solo día, pero establece metas para guiarte en el proceso. Te sugiero que uses un calendario para marcar cada etapa de tu organización y asignarles fechas de finalización específicas.

Es más fácil abordar el proceso una habitación a la vez. Ten en cuenta que limpiar un clóset generalmente tomará más de un día o incluso dos días; ¡es un gran trabajo! Limpiar la cocina también es un trabajo de uno a dos días.

Algunos expertos dicen que debes hacer un poco de organización a la vez, regalar un artículo por día o llenar una bolsa de basura en una semana. Otros dicen que es todo o nada. Creen que debes revisar todos los armarios y cajones con ropa al mismo tiempo, para que no olvides lo que tienes.

Recuerda, tú haces las reglas. Si quieres tomarlo con calma, tómalo con calma. ¡Solo ten en cuenta que un artículo al día significa que puede illevar tu vida completar el proceso de organización! Sin embargo, si está entusiasmado con convertirte en un minimalista, haz todo en una semana o dos y ¿comienzas a disfrutar de un estilo de vida sin desorden?

Los siguientes son algunos métodos populares para decidir qué descartar, con técnicas para mantenerse organizado durante el proceso:

El Método 12-12-12

Doce es un buen número redondo. No toma mucho tiempo reunir 36 elementos y decidir qué hacer con ellos. Para trabajar el método 12-12-12, recolectas cosas en tu casa, encuentras 12 cosas para guardar, 12 cosas para regalar y 12 cosas para tirar. Puede hacer esto una, dos o tres veces a la semana. Tú decides.

El Método de las Cuatro Cajas o Canastas

Adquiere cuatro cajas grandes que sean casi del mismo tamaño o sal y compra cuatro del mismo tipo de canasta de lavandería. Una será para la basura que tirarás, una para las cosas que regalarás, una para las cosas que deseas almacenar y la cuarta para las cosas que quieres conservar. Toma una habitación y comienza a llenar las cajas o cestas. Una vez que las llenes, deshazte de las cosas en el cesto de basura, coloca las cosas que deseas regalar, empaqueta y guarda lo que debe almacenarse. Saca todo de la cuarta bandeja y pregúntate: "¿Necesito esto? ¿Me trae alegría? "Si la respuesta es sí, colócala en su lugar; de lo contrario, colócala en una de las otras cajas.

El Método de Mapeo y Clasificación

En este método, haces un mapa de todas las habitaciones de tu casa. Marca donde se encuentran las puertas y ventanas y dibuja los armarios. Dibuja donde se establece el mobiliario. Califica cada lugar en cuanto a lo desordenado que es, marcando uno para ordenado, dos para algo desordenado, tres para muy desordenado, y cuatro para el último espacio desordenado. Comienza con la habitación más desordenada primero y toma ese mapa contigo.

Marca con una "X" el área más desordenada y comienza a limpiar. Puedes usar tu técnica 12-12-12 o el método de cuatro cajas junto con este plan.

Adquiere Libertad Financiera.

Sé que muchas personas argumentan que el dinero no es todo o que el dinero es la raíz de todo el mal ... etc ... Pero bueno, esto no es verdad. Según varios estudios y trabajos de investigación sobre personas adineradas de todo el mundo, ahora se ha demostrado que, si eres financieramente libre, entonces eres más feliz que las personas de tu edad/grupo de ingresos que no son económicamente libres.

Por supuesto, el dinero no puede comprar la felicidad. Pero, aun así, hasta cierto nivel de alegría, la Seguridad Financiera es esencial. La mayoría de las personas tienen miedo de estar en quiebra o incluso en bancarrota después de su jubilación o incluso antes de eso debido a la deuda sustancial.

En China, la mayoría de las personas se preocupan por su deuda mientras duermen por la noche, en lugar de por enfermedad cardíaca y diabetes. Este es el escenario de personas de todas partes del mundo. Pero las personas que son financieramente libres no están preocupadas por este tipo de incertidumbres financieras, y es por eso que son más felices que otros en el mismo grupo de edad/ingresos.

Financieramente libre no significa que debas ser millonario o multimillonario. Dice que tu ingreso pasivo mensual de tus diversas inversiones, como acciones, bonos, oro, bienes raíces y negocios, o incluso el salario, es mucho más que tus gastos mensuales. Por lo tanto, también supón que, si dejas de trabajar hoy, puedes vivir el resto de tu vida con los ingresos que generes de tus inversiones.

Para obtener libertad financiera, debes dominar tus pensamientos internos y palabras habladas. Tus pensamientos más íntimos son el comienzo de todo lo que creas. Que tu atención se expanda. Los sentimientos basados en el miedo se manifestarán en la realidad si les permites crecer en tu mente. Debes concentrarte en las cosas que quieres para que se expandan y se demuestren en tu vida. Tus palabras también son cruciales, ya que las palabras negativas como "No puedo pagarlo" o "Nunca seré rico" enviarán el mensaje equivocado. El universo solo responde a pensamientos y palabras de abundancia. Otras cosas, como crear un plan de gastos, establecer metas financieras, aprender a invertir o incluso simplificar tu vida, surgen de esta simple idea de dominar tus pensamientos internos.

Una palabra sobre preocupaciones financieras

Mucha gente se preocupa por el dinero, cómo pagar las cuentas cada mes. Las agencias de crédito al consumidor y las compañías de tarjetas de crédito han hecho que sea demasiado fácil acumular cantidades asombrosas de deuda, ofreciendo a los consumidores grandes líneas de crédito con pagos mensuales muy bajos. Muchos no se dan cuenta de que las tasas de interés exorbitantes que pueden venir con dicho crédito pueden ponerlos en un profundo vacío financiero, causando preocupación y estrés a diario.

Una solución: puedes recortar tus tarjetas de crédito, cerrar tus cuentas y hacer un plan de tres a cinco años para saldar tus deudas viviendo dentro de un presupuesto, dentro de tus posibilidades, y pagando cada factura de tarjeta de crédito, comenzando con el interés más alto primero.

Claro, tomará tiempo. Pero si estás enfocado en el objetivo de estar libre de deudas, puedes hacerlo y, a menudo, simplemente sabiendo que has dejado de acumular facturas y te embarcaste en un plan para salir de la deuda y crear una cuenta de ahorros en su lugar puede hacer que duermas mejor por la noche.

Si te sientes abrumado y tienes retraso debido a todo, y los cobradores de facturas están llamando todas las noches, todavía hay esperanza. Ponte en contacto con la gente en Asesoría de crédito al consumidor (Consumer Credit Counseling). Hay una sucursal en casi todas las ciudades de medianas a grandes, y ayudarán a crear un plan de recuperación para ti.

Luego, contactarán a cada agencia de crédito y negociarán un plan de pago para ti. Si se encuentra en un pueblo pequeño, a veces puedes pagarle a un abogado para que liquide los pagos, cualquier cosa para evitar que las tasas de interés continúen enterrándote bajo una montaña de deudas.

Solo recuerda que no importa cuál sea tu situación actual, aún puedes elegir cómo responder a ella. Y ten en cuenta que tu condición actual no necesita extenderse para siempre. Deprimirse no es la respuesta. Dar pasos proactivos a la solvencia es, y en el momento en que lo hagas, sentirás un enorme peso levantado de tus hombros.

Eso es lo que hace un nuevo plan para aliviar el estrés actual y esperar un día nuevo. Elige indulgencia y perdón personal hacia tu comportamiento pasado, junto con una firme determinación de no seguir cometiendo los mismos errores una y otra vez.

Suficiente consejo sobre cómo abordar los errores financieros. Las finanzas personales son solo uno de los muchos problemas o circunstancias que pueden nublar tu mente y evitarte la felicidad.

Adopta una Perspectiva Espiritual Única

Creo firmemente que todos tenemos el poder dentro de nosotros para lograr la paz. Todo lo que tenemos que hacer es aprender a vivir en el Ahora. Este es un estado que trato de alcanzar regularmente, con éxito limitado y tentador. Tú también puedes practicar los preceptos que se detallan a continuación.

En esta sección, trataré de resumir las enseñanzas del libro, con la esperanza de que encuentres los preceptos de Tolle esclarecedores. Tolle nos alienta a "observar al pensador" dentro de todos nosotros. Al hacerlo, podemos silenciar deliberadamente las muchas voces que están en nuestras mentes en todo momento. Él no quiere decir que porque todos tenemos un diálogo interno pasando dentro de nuestras cabezas la mayor parte del tiempo es que estamos locos o esquizofrénicos.

Simplemente quiere decir que podemos aprender a calmar ese diálogo interno y lograr la paz interior, algo que creo que la mayoría de nosotros deseamos hacer en un momento u otro. Él dice que experimentar la alegría del Ser no se consigue a expensas de un pensamiento claro o una conciencia de las cosas que nos rodean. Preferiblemente, el estado del Ser es uno de hiper-conciencia de nuestro entorno, una sensación de estar completamente presente en este momento. "Y, sin embargo, este no es un estado egoísta, sino un estado desinteresado. Te lleva más allá de lo que pensabas anteriormente como 'tu yo'. Esa presencia es principalmente tú y, al mismo tiempo, inconcebiblemente más importante que tú ".

Tolle dice que el 80-90 por ciento del pensamiento de la mayoría de la gente no solo es repetitivo e inútil, sino que, debido a su naturaleza disfuncional y dañina, gran parte de él también es perjudicial. "Observa tus pensamientos, y encontrarás que esto es verdad. Causa una seria fuga de energía vital".

Él dice que la parte más importante del dolor humano es innecesario. "Es creado por uno mismo siempre y cuando la mente no observada maneje tu vida". Tolle estipula que, si ya no quieres crear molestia

para ti y para los demás, entonces debes darte cuenta de que el momento presente es todo lo que tienes. Él agrega que siempre debemos decir "sí" al Ahora.

Esto confirma lo que dijimos antes sobre vivir no solo un día a la vez, sino una hora, o un momento a la vez, evitando los posibles cuidados y peligros del futuro, y sin detenernos en acontecimientos o relaciones dolorosas en el pasado.

Minimalismo al reducir tus expectativas

Una vez tuve un amigo que me dijo algo sabio: "Baja tu estrés bajando tus expectativas".

En ese momento, me había convertido en una especie de perfeccionista. Me había mudado a la gerencia media y esperaba la excelencia de mí misma y de aquellos que trabajaban para mí. Pude haber sido, mirando hacia atrás, una piedra en el zapato para los que me rodeaban.

También había desarrollado una gran cantidad de estrés, tratando de controlar muchos factores que estaban fuera de mi control. No quería "bajar mis expectativas". Para mí, eso fue equivalente a aceptar un mal desempeño en mí y en los demás. Eventualmente, me hice mayor y comencé a entender la sabiduría que subyace a este concepto.

El caso para reducir tus expectativas

En un nuevo estudio, los investigadores encontraron que no importaba mucho si las cosas iban bien. Cuestionó si estaban yendo mejor de lo esperado.

No es que debas caminar melancólico todo el tiempo. Tener expectativas, por ejemplo, para almorzar con un amigo, puede levantarte el ánimo tan pronto como hayas hecho planes.

¡Toma acción! Esta semana, reinicia una expectativa. ¿Cuál es un objetivo más realista y agradable? Luego, vuelve a enfocarte en el viaje en lugar de en el destino. ¿Qué montañas puedes escalar de las que realmente disfrutas escalar (en sentido figurado), ya sea que llegues o no a la cima? ¿Cómo puedes concentrarte en el momento presente, lo que sea que estés haciendo en este momento, mientras estableces grandes metas y expectativas para el futuro?

En las relaciones personales, tener expectativas realistas te permitirá aceptar los defectos en los demás. Necesitamos asumir la responsabilidad de nuestras vidas antes de que podamos esperar que otros hagan lo mismo.

Uno de los desafíos más importantes que enfrentamos en la vida es aprender a aceptar a las personas por lo que realmente son. Una vez que te das cuenta de que tus expectativas no pueden cambiar a las personas, mejor estarás.

Alguien más que alguna vez escuché, tenía una gran manera de resumir esta filosofía: "Dar sin expectativa, aceptar sin reservas, y amar sin vacilación". Se trata de perspectiva.

Reduce tus expectativas si deseas sentirte satisfecho. Elévalas si vas a hacer las cosas más eficientes.

Puedes comenzar un régimen de ejercicios para sentirte mejor contigo mismo y lograr la satisfacción. También puedes comunicarte bien contigo mismo al tomar incluso algunos pequeños pasos para mejorar su autoimagen. Esto te dará confianza renovada y aumentará tu autoestima.

Pero debes ser realista acerca de los objetivos que estableces o el ejercicio será uno que termine en inutilidad. Debes comprender claramente tus objetivos y trazar los pasos necesarios para alcanzarlos.

Finalmente, un consejero sobre el que leí dice que sus clientes están estresados, y luego están estresados por estar estresados. Bueno, lo que significa que las personas les dicen que "duerman más o hagan ejercicio" o "comiencen un régimen de meditación".

De nuevo, ¿te suena familiar?

Este consejero incluso dice que tener cierto grado de estrés es estándar, siempre que sus habilidades de afrontamiento puedan manejarlo. Eso es gracioso. Las personas que pueden lidiar exitosamente con el estrés no necesitan libros de autoayuda sobre cómo reducir el estrés. A menudo me he maravillado con esas personas, que deben tener un gen hereditario o prominente que les permite desprenderse del peso que nos mataría a simples mortales.

Mira dentro de ti

Amanda Christian, escribiendo en el blog tinybuddha.com, dice que muchos de nosotros queremos cosas por la forma en que creemos que nos harán sentir. Es posible que desees un cuerpo más delgado porque piensas que te hará sentir feliz y amado. Es posible que desees una carrera exitosa porque crees que te sentirás realizado. Quieres una relación porque crees que aliviará tu soledad.

Estas cosas pueden distraernos de mirar dentro de nosotros mismos en busca de respuestas. Cuando no hacen lo que queremos, nos sentimos decepcionados y enojados. Para liberar este ciclo de decepción, debemos liberar la creencia de que ellos nos salvarán.

Relájate más, júzgate menos

Christian dice que aprendió que la voz amorosa del interior, también conocida como nuestra guía interna, tiene un plan más grande para nosotros del que tenemos nosotros mismos. "Resulta que en este momento estás exactamente donde debes estar", dice. Lo único que tienes que hacer, agrega Christian, para seguir el camino de tu guía interior es escucharlo liberando tus juicios sobre lo que crees que está sucediendo. No tienes que tener todo resuelto en este momento. "Cállate y escucha las instrucciones sobre qué hacer en este momento. Cualquier consejo que surja del amor será algo que puedas hacer ahora. La idea de hacerlo te hará sentir más ligero y emocionado".

Cambia tus pensamientos

Lo primero que hago cuando siento una perturbación de mi tranquilidad es decirme a mí misma: "Estoy decidida a ver esta persona/situación de manera diferente". Así es como entras en tu poder. Todo te pasa a ti, no por ti.

Te sorprenderán los cambios en la percepción que ocurren cuando estás dispuesto a liberar el miedo y ver el amor en su lugar.

Minimizando tu hogar

Cuando estás ocupado, no tienes mucho tiempo para dedicar a organizar tu hogar. Entonces es fácil que se ensucie y el lío se salga de control. Puede ser difícil entender por dónde empezar, así que, para ayudarte a comenzar, aquí hay cinco consejos rápidos para ordenar tu hogar:

1. No dejes para mañana lo que puedes hacer hoy.

La procrastinación no la hace desaparecer. De hecho, solo empeora y te causa más estrés a largo plazo. Una vez que afrontes la situación y te pongas en ella, te sentirás mucho mejor. Nada es mejor que mirar una habitación que este tan ordenada como sea posible y luciendo muy atractiva. La mejor parte es que tienes la satisfacción de un trabajo bien hecho.

2. Decide cuándo comenzarás y por cuánto tiempo trabajarás antes de comenzar. Entonces quédate con eso.

Se realista y haz tu objetivo alcanzable. A medida que completas la primera sesión con éxito, esto te da el impulso para comenzar tu próxima reunión. Comienza por planificar lo que quieres lograr y cómo, y puedes ahorrarte mucho tiempo. Al establecer un límite de tiempo para cada sesión, todavía te quedará energía para las otras cosas que necesitas o deseas hacer.

3. Dona elementos que ya no quieras o no necesites.

Si tienes algunas pertenencias que todavía están en buen estado, considera donarlas a obras de caridad y libera el espacio que tomaron por ahí, acumulando polvo. Lo bueno aquí es que no necesitas dedicar más tiempo a mantenerlos y cuidarlos, lo que te da más tiempo para otras cosas. Es fácil acumular cosas, en caso de que sean útiles algún día, pero admitámoslo si no se usa, no puede ser necesario. La otra ventaja es que la mayoría de las organizaciones benéficas están felices de recibir tus donaciones, ¡y también pueden ser deducibles de impuestos!

4. No extiendas el desorden de una habitación a otra.

Puede ser sencillo recoger un montón de ropa y llevarlos al dormitorio, dejarlos en una silla y ¡dejarlos allí! Poner todos tus zapatos en tu armario o poner un montón de papeles en un estante para "limpiar" la mesa solo está moviendo un desastre de un lugar a otro. ¡Esto puede empeorar las cosas, no es mejor ni más ordenado! Todavía no estás creando ningún espacio libre e incluso tendrás que ordenar esas pilas en algún momento.

5. Decide manejar cada artículo una vez.

Permítete tiempo suficiente para trabajar en un área problemática a la vez. Al mirar las cosas que estás ordenando, decide hacia dónde te diriges y luego colócalo en su lugar. Cuanto menor es la forma en que manipulas un artículo, más rápido llegas a ordenar tu casa. Algunas veces no es posible tocar algo solo una vez, pero se puede minimizar la cantidad de veces que se recoja una cosa. A medida que encuentres un lugar para cada artículo, será más cómodo mantener las cosas en orden, ya que cada elemento puede volver a colocarse en su lugar después de su uso. Esto tiene la ventaja adicional de poder encontrar esos artículos cuando sea necesario, ahorrando mucho tiempo de búsqueda.

Así que ahí lo tienes: 5 consejos rápidos para ordenar tu hogar. Pueden ayudarte a comenzar rápidamente y hacer un buen progreso, pero para mantener tu casa ordenada, trabaja en ello para convertirlo en un hábito.

Capítulo 5:
Minimalismo y felicidad

1. Reduce tus Dependencias

Todos tenemos nuestras muletas para apoyarnos, desafortunadamente para muchos de nosotros dependemos de uno o más de ellos. Con mucho, la muleta más evidente en nuestra sociedad es el alcohol. Se considera aceptable emborracharse o beber principalmente por la gente más joven, y el razonamiento más común para el comportamiento es porque "se siente mejor estar borracho que no hacerlo". Eso es solo un ejemplo, y la muleta podría ser cualquier cosa, drogas, analgésicos y café para nombrar a un par, generalmente algo de sustancia. Si estás pasando por un momento difícil y te encuentras recurriendo a algo como el alcohol, entonces abstente de hacerlo, solo te volverás dependiente de él para atravesar los momentos difíciles en lugar de confiar en ti mismo. Las dependencias crean debilidad, mientras más disminuyas tus dependencias, más fortalecerás tu mente, lo que te permitirá enfrentarte a obstáculos cada vez más grandes con calma y sin derrumbarte o perder el control de ti mismo. Lo cual a su vez conduce a un mayor control, confianza y, por supuesto, felicidad.

2. Escucha Algunos Post-Rock

Esto está relacionado con relajarse y escribir un diario, ya que logra cosas similares. La clave es escuchar música suave pero compleja, clásica, acústica, baladas, todo vale aquí, pero Post-Rock es perfecto. Algunas bandas para verificar para este propósito son Mogwai, Explosions in the Sky; This Will Destroy You y Russian Circles. Ahora, ¿por qué haces esto? Es simple, la mayoría de la gente que escucha música es de alta energía o está muy concentrada en un tema de interés. Este tipo de música es naturalmente relajante, y tu interpretación crea el tema, puede estimular tu imaginación, emoción y tus pensamientos. Similar en una forma de escribir un diario en el sentido de que tus pensamientos pueden llevarte a lugares que creías que no irían, similar a la relajación porque, bueno, es relajante. Así que simplemente tira una o dos pistas y siéntate o recuéstate, solo déjate llevar, tal vez encuentres tu mente renovada después. También he escuchado que puede ayudar a calmar a las personas para que duerman. Si hay algo que la música no pueda hacer, avísame, esto puede crear algo de felicidad.

3. Medita

Esta es una forma frecuente de disminuir el estrés y aumentar la felicidad. Si no lo haces ya, entonces deberías comenzar ahora. En todos los momentos de vigilia somos bombardeados con estímulos externos, lo notemos o no, y nuestros cerebros deben ordenarlo todo a una velocidad casi instantánea. Lo que hace la meditación es tratar de minimizar todo el estímulo de tu cerebro, crear foco y darle a tu cerebro un cierto de tiempo "suyo". Ahora puedes estar pensando que para eso es el sueño, pero no del todo. Cuando dormimos, nuestro cuerpo se re-energiza a sí mismo, y nuestro cerebro revuelve toda la información de nuestros días, organizándola, decidiendo qué es esencial y qué no lo es, aunque nos despertamos frescos y tal vez no lo sepamos, nuestro cerebro ha estado trabajando todo el tiempo. Meditar es fácil, solo acuéstate con las manos a los lados o siéntate en una posición cómoda, luego cierra los ojos y trata de dejar la mente en blanco; puedes enfocarte sólo en la respiración rítmica lenta o repetir una sola frase o palabra una y otra vez que sea personalmente significativa para ti. Haz esto durante aproximadamente 15 minutos, y te sentirás renovado y mejor que antes, la meditación diaria puede hacer maravillas para ti y, por supuesto, aumentar tu felicidad.

Entonces ahí lo tienes, otras tres buenas maneras de aumentar tu nivel de felicidad. Trata de no depender tanto de tus muletas, escucha música ingeniosa como Post-Rock y medita todos los días. Solo recuerda que al igual que con todo, no te excedas, como dejar abruptamente tu muleta, dejar de escuchar tu música habitual o construir un anexo de meditación en tu casa.

Capítulo 6:
Minimizando tu vida para la tranquilidad mental

Solo respira - Así que mi descubrimiento más significativo en mi llamada "búsqueda de la paz" fue cuán poderosa, la respiración simple podría ser. Si te sientes abrumado con el mundo, solo respira. Liberará todo tu estrés y tensiones. Si has olvidado por qué te levantas todas las mañanas y por qué lo intentas tan duro, solo respira. Esto volverá a enfocar tu mente. Si sientes que no puedes dejar de preocuparte, solo resopla. Te calmará y detendrá la preocupación por completo. Radicalmente, la respiración alivia el cuerpo al mismo tiempo que trae tu mente al presente. Entonces la próxima vez que cualquier sensación negativa te venza, solo respira.

Purga todo el desorden. Mira a tu alrededor en este momento. ¿Cuánto desorden hay? La confusión le da a tu mente el sentimiento de opresión, yendo un poco más profundo. ¿Por qué tenemos problemas en primer lugar? Fundamentalmente, la confusión proviene de nuestra incapacidad para dejar atrás el pasado. Viene de apegos emocionales a objetos que tienen significado para nosotros. Vivir en el pasado no es saludable. Comienza apartando muchos de ellos y trabaja desde allí. Un espacio de trabajo abierto con desorden limitado hace maravillas para tu creatividad y tranquilidad.

Encuentra tiempo para ti mismo: las obras maestras del artista generalmente se hacen en soledad; a menudo se sabe que los filósofos se aventuran solos por el bosque durante largos períodos de tiempo, aunque el tiempo con sus seres queridos es un regalo precioso de la vida. Creo que el tiempo solo es casi tan valioso. El tiempo solo te permite organizar y relajar tus pensamientos. Te permitirá encontrarte y estar en paz con el "yo" que encontraste.

Encuentra tiempo para desconectarte. Me encanta la tecnología, pero es innegable que afecta tu tranquilidad. Para decirlo de manera sencilla, cuando te sientas un poco abrumado, apaga el televisor y lee un libro. También puedes apagar tu internet y salir a caminar o, como mencioné anteriormente, solo respira.

Si bien esto puede parecer una nueva forma de pensar altamente racional, en mi opinión, es la devolución de la mentalidad del siglo XX. Nuestra sociedad colectiva grita: "¡Compra! ¡Guarda! ¡Recolecta! ¿Qué pasa si se vuelve valioso? ¿Qué pasa si lo necesitas? ¿Qué pasa si la tía Petunia viene y te pregunta qué pasó con el tarro de miel que te dio en su pila de venta de garaje?" Hay tanta asociación social entre las posesiones y la felicidad que nos aferramos a las cosas en nuestras vidas que simplemente nos sacan de nuestro deseo de hacer ... bueno ... ¡cualquier cosa!

Compulsión al Desorden

Tengo una buena amiga que tiene una compulsión de compra. Esta amiga en particular tiene cajas y cajas de maquillaje que nunca usa, montones y montones de ropa que ha comprado pero que nunca usó, cajones llenos de lociones que ha usado una o dos veces, pero que nunca ha consumido.

¿De qué se trata tener cosas que nos hagan sentir seguros, incluso hasta el punto de negarnos a deshacernos de un aparato roto o guardar cajas de lapiceros y lápices viejos que nunca usamos? ¿Por qué las revistas como Real Simple venden millones de copias anualmente al llenar sus páginas con ideas sobre organización y orden, en lugar de consejos sobre cómo dejar de comprar?

Mantenemos los artículos fuera de la inseguridad, el miedo y, a veces, la felicidad genuina. Compramos y guardamos cosas que creemos que nos harán felices. Ya sea que se trate de un tipo más de rubor, medicamento que expiró hace cinco años u otro muñeco de nieve de madera, cada uno de esos artículos, cuando lo colocamos en el armario o en el estante, simboliza la felicidad que estamos tratando de lograr en nuestras vidas. ¿Pero traen alegría, todas estas cosas?

Nada Más Que Sentimientos

La verdad es una que probablemente ya conozcas, pero has escuchado tantas veces que ha perdido su poder para impresionarte. El hecho de que el dinero no puede comprar la felicidad, que las cosas no pueden hacerte sentir seguro. No hay palabras lo suficientemente nuevas, no hay una frase lo suficientemente ingeniosa como para volverla un concepto único una vez más.

¿O la hay?

52

Mira alrededor de tu casa. Cuando lo haces, ¿domina un sentimiento de logro, un aire de orden? ¿Sientes que tienes las cosas que quieres y no hay nada fuera de lugar, ningún artículo que guardes "por las dudas"? Si es así, siéntete libre de saltar este capítulo y pasar a otro de interés.

Pero si estás leyendo este libro, hay probabilidades de que haya algo en tu entorno que te haga sentir incómodo, incapaz de relajarte o completamente asfixiado. Puedes soñar con tener la capacidad de tener un hogar limpio con un mínimo de esfuerzo. Probablemente has oído hablar de la limpieza de media hora, pero crees que es una bestia mítica como un unicornio o Grifo. Si ese es el caso, considera ver cada una de tus posesiones de forma individual a la luz de esta actitud:

¿Este articulo agrega paz y felicidad a mi vida o crea una sensación de malestar?

Esto puede sonar como una extraña idea mística, pero la verdad es que todo lo que tienes crea un sentimiento positivo o negativo dentro de ti cuando lo miras, lo usas, lo vistes, te sientas en él o lo tocas.

Esta no es una declaración de una mente iluminada, sino simplemente una observación. Ya sea que tu gusto vaya hacia lo minimalista o lo profundamente ecléctico, algo relacionado con cada elemento a tu alrededor provoca una respuesta emocional. Puede que origines un poco más de complejidad sobre algunos asuntos que en otros para determinar qué sentimiento surgieron, pero en última instancia, te gusta o no cada pieza individual en tu hogar.

Lo relajado que te sientes en tu entorno está directamente relacionado con la cantidad de cosas en tu entorno que te gustan o te disgustan.

Quiero tomarme un momento para apretar con fuerza los frenos y agregar una renuncia de responsabilidad: eso no significa que la única forma en que puedas sentirte relajado es gastar miles de dólares para crear un entorno ideal.

Capítulo 7:
Posesión y minimalismo

Para lograr más libertad y más placer, deberás tratar de mantener principios minimalistas, es decir, omitir cosas innecesarias, identificar lo esencial, hacer que todo cuente, etc. Para lograr un minimalismo extremo, aprenderás muchas cosas sobre ser minimalista y tratarás de mantener las cosas que debes seguir, como comenzar por darte cuenta de que ya tienes suficiente, reducir el desorden, corregir lentamente todo, las pertenencias y simplificar tu agenda.

El minimalismo es simplemente una palabra elegante para mantener tu vida simple y establecer tus prioridades. Ser minimalista es una forma de lograr el equilibrio en tu vida. Al limitarte en la vida a lo que es esencial para mi existencia, tendrás más tiempo para ti. Tendrás más tiempo para ejercitarte y cocinar deliciosas cenas de nuevo. Podrás enfocarte en los objetivos profesionales que importan y no solo en generar el próximo artilugio.

El camino hacia una vida minimalista no es fácil. Para lograr el minimalismo extremo, mi hogar será:

    a. Menos estresante.

    b. Más atractivo.

    c. Más fácil de limpiar.

    d. Mínimos muebles.

e. Superficies despejadas

f. Calidad sobre cantidad.

La descripción de una oficina minimalista variará para cada individuo. La última publicación minimalista, supongo, sería no tener papeles, escritorio, computadora ni nada por el estilo, solo tú mismo. Creerías un absoluto y tal vez yacerías en el suelo.

Con un minimalismo extremo, las finanzas no tienen que ser una de las cosas más complicadas de tu vida. Para ahorrar dinero, voy tras algunas cosas que utilizo en efectivo, no crédito. Siempre trato de no comprar nada a menos que lo necesite, y solo si tengo el dinero. Creo que el primer mejor secreto para la felicidad que puedes tener para estar contento, aquí mismo, en este momento, es dejar de comprar cosas físicas inútiles que consideras que te hacen feliz y el segundo mejor paso que puedes dar es comenzar a eliminar el desorden en tu vida. Haz esto hasta que hayas reducido tus posesiones a las necesidades absolutas de tu vida.

Capítulo 8:
30 Días Para Simplificar Tu Vida

Día 1: Ordena tu vida "en línea" (y mantente fuera de línea por un día). ¡Solo imagina el tiempo libre para pensar más creativamente, hacer cosas productivas o ¡gastarlo con la gente que amas!

Día 2: Haz una lista de 3 a 6 objetivos y prioridades para el año.

Día 3: Observa y analiza tus hábitos diarios. ¿Están bien para ti? ¿Son productivos?

Día 4: Limpia el armario. Encuentra inspiración en la parte del libro Guardarropa Minimalista.

Día 5: Limpia los cajones de basura en la casa.

Día 6: limita o abandona por completo el televisor por un día. Una vez más, el minimalismo se trata de recuperar tu riqueza de tiempo, que es nuestro único recurso no renovable. La lectura recomendada sobre la riqueza del tiempo es "Padre Rico, Padre Pobre".

Día 7: Recicla todo lo que se pueda reciclar o desecha esos elementos aleatorios que no recuerdas su función. (Ejemplos: cargadores aleatorios, cables, etc.)

Día 8: elige un rincón o dos en la casa y elimina al menos un elemento que no pertenezca allí. Cuanto más, mejor, pero comienza con 1-3.

Día 9: reúne a tus hijos y limpia el cofre de juguetes.

Día 10: Deshazte (o dona) o vende (eBay, Craigslist, etc.) 2 de los artículos "por si acaso".

Día 11: Mezcla al menos 15-20 elementos que no te gusten, necesites, uses o guardes "por si acaso". Usa la regla de los 24 meses. Si no ha utilizado o incluso tomado un artículo en 24 meses, es probable que sean artículos "por si acaso".

Día 12: Comienza el día con meditación. Mantén tu televisor, computadora, internet y otros dispositivos electrónicos apagados hasta el almuerzo, incluso en el trabajo si puedes evitarlo.

Día 13: Limpia la cocina. Haz una redada en el armario de la despensa y sacude todo lo que no haya usado durante más de 2 a 3 meses, como alimentos grasos no saludables, refinados, azucarados, etc. Consulta la parte de Hogar Minimalista del libro para obtener sugerencias y trucos. (Recomendamos el "Cuerpo de 4 horas" para obtener ayuda sobre los hábitos alimenticios y los trucos generales de salud y ejercicio).

Día 14: Coloca tus zapatos en un lugar y piensa detenidamente sobre ellos. Si hay pares, que no has usado más de una vez, ya sea que los dones o los regales. Siempre puedes encontrar consejos útiles en la sección Guardarropa Minimalista del libro para obtener ayuda.

Día 15: Artículos con valor sentimental. Si no estás listo para vivir sin estos artículos, considera hacer algo de ellos. Crea un proyecto de bricolaje para ellos y ponlos juntos como uno solo.

Día 16: No uses absolutamente nada de maquillaje por el día. Si tu profesión no lo permite, elige uno de tus días libres y mantén la cara limpia. Inmediatamente sentirás la diferencia y la ligereza en tu piel.

Día 17: Hoy, comprométete a no comprar nada por 24 horas seguidas. No hay excepciones a esta regla.

Día 18: Limpia el baño completamente. Esto también significa pasar por los cajones y gabinetes y deshacerte de todo lo que no usas, necesitas o no pertenece al baño.

Día 19: Crea un ritual simple de la mañana al que te puedas apegar. (Intenta 5 minutos de meditación, ejercicio, lectura, etc.)

Día 20: Analiza las últimas cinco compras. Ve si estos artículos eran algo que necesitas o simplemente algo que tú compraste en venta o porque te gustaron.

Día 21: Reduce tus compromisos. Enfrenta el hecho de que ocupan mucho de tu valioso tiempo y de que estarías mejor sin ellos. Es difícil decir no a amigos y amigos cercanos, pero eventualmente, seguirán adelante, y te sentirás liberado.

Día 22: Organiza un día feliz. Hoy no puedes quejarte, solo estar agradecido. Escribe las cosas que te brindan la mayor felicidad y se agradecido por ellas. Olvídate de las cosas que no tienes. Es uno de los principales principios de un minimalista consciente (pero también es un consejo de vida autoritario): ser feliz aquí y ahora.

Día 23: Todos hemos sido multitarea en un punto. Hoy, intenta tomar las tareas de a una por vez. Difícil si estás acostumbrado a la prisa de hacer las cosas lo antes posible. Pero hoy, tómalo con calma y dedica toda tu atención a una cosa a la vez.

Día 24: Haz tu dormitorio semejante al cielo. Debería ser la habitación más tranquila y relajada de la casa según el Feng Shui, así que tómate el tiempo para hacer de tu habitación un lugar donde puedas relajarte y disfrutar. No debe haber dispositivos electrónicos o un televisor en el dormitorio. Una cama simple, mesitas de noche, lámparas y un armario son excelentes. Puede tener una pequeña biblioteca si quieres leer antes de acostarte, pero mantén la decoración simple. Todas las superficies planas deben contener 2-3 piezas de decoración o imágenes con marcos. Las paredes deben estar limpias, en un color suave y, si es posible, sin vistas. Mantén un despertador en el dormitorio y deshazte del resto.

Día 25: Lavar la ropa sin pensar que es una actividad embotada y aburrida. La tarea no es simplemente lavar la ropa, sino aceptar su naturaleza. No pienses que es una tarea ardua. Solo agarra la canasta, carga la máquina y vete. Eso es.

Día 26: Ir a dar un paseo agradable y relajante. ¿Cuántas veces has dado zancadas intencionales en lugar de caminar (apresurarte) hacia la tienda? Muy pocos, lo sé. Entonces, hoy, pídales a tus seres queridos que se unan a ti para dar un agradable paseo por tu vecindario.

Día 27: Echa un vistazo a tus finanzas. ¿Hay algo en el último mes que compraste, pero no debiste?

Día 28: Usa tu día libre para relajarte, pasar tiempo con tu familia, divertirte o disfrutar de tus pasatiempos. No trabajes en tu día libre. (Sin apogeos de correo electrónico, respondiendo una llamada rápida, etc.)

Día 29: Sal y diviértete. Ve a un lugar nuevo, donde no necesites gastar toneladas de dinero para pasar un buen rato. Ve a un parque, juega al minigolf o conoce a un amigo para tomar un café.

Día 30: Recuerda y haz un diario breve sobre los últimos 30 días. No va a ser perfecto, pero es un buen comienzo. Nota: si tienes algún problema para seguir con el plan o crees que hay un área en particular para mejorar, siempre puedes actualizarlo la próxima vez.

Capítulo 9:
Consejos y trucos para el minimalismo

1. Escribe tus Razones

El primer paso para despejarse es saber exactamente cuáles son tus motivos para convertirte en minimalista. Debes entender qué es lo que te obliga a hacer el cambio y por qué eres tan dedicado. Es esencial que tengas completamente claro por qué estás haciendo estos cambios y que los motivos son importantes para ti. Cuando nos apasiona nuestro propósito, es mucho más probable que tengamos éxito en lo que nos proponemos lograr.

Mientras te aclaras en tus razones, saca una hoja de papel y escríbelas. Algunas personas pueden beneficiarse de simplemente escribir esto en una página de su diario, mientras que otros pueden querer tomarse un tiempo con ello y convertir sus razones en una obra de arte que puedan mantener en un lugar altamente visible cada día. Lo que elijas hacer dependerá de ti, pero lo más importante es que tengas tus razones fácilmente disponibles.

Cuando te embarcas en un nuevo viaje en la vida, puede ser fácil tener "recaídas" mentales que te devuelvan a una forma de pensar anterior. Puedes recurrir a viejos hábitos o patrones y pensar "¡bueno, solo por esta vez!" Pero es esa mentalidad exacta la que te lleva a tener un entorno desordenado. Es en momentos como este que deseas volver a tu lista escrita de razones y creer en ellas. Siente la emoción que pones detrás de ellas y deja que suba a la superficie por ti. Mientras más genuinamente puedas sentir esas emociones, más fácil será para ti recordar por qué eres minimalista y mantenerte fiel a tus deseos.

2. Reclama Tu Tiempo

Se pierde tanto tiempo cuando estás atrapado en un estilo de vida que se centra únicamente en adquirir lo último y lo mejor. Pasas varias horas trabajando, a menudo en un trabajo que ni siquiera te gusta. Esto genera estrés, aflicción, ira, frustración y otras emociones no deseadas que debes enfrentar regularmente. Luego, debes dedicar tiempo a mantener todos los objetos que has adquirido. Debes organizarlos, reorganizarlos, limpiarlos, mantenerlos y, de otro modo, conservarlos. Luego, necesitas encontrar el tiempo para usarlos, lo cual es muy poco probable que encuentres, por lo que a menudo terminas adquiriendo objetos que simplemente se quedan sentados para que los mires. Si viajas o vas a algún lado, es probable que lleves más de lo necesario solo porque te sientes demasiado culpable para dejar algo atrás sabiendo que gastaste tu valioso dinero en él, que es un símbolo directo de un tiempo en tu subconsciente y potencialmente incluso en tu mente consciente. Entonces, por supuesto, debes invertir tiempo en adquirir más. Por lo tanto, pasas varias horas en las tiendas y centros comerciales frustrado por las alineaciones, otros compradores y cualquier otra cosa que pueda molestarte. Puedes endeudarte para adquirir cosas nuevas, o simplemente puedes pasar del cheque de sueldo al cheque de pago porque no quieres dejar de comprar nuevas pertenencias. Puede ser una trampa complicada para quedarte atrapado.

Ser minimalista significa que puedes recuperar tu tiempo. Tienes que dejar de trabajar tan duro para ganar dinero para pagar por artículos que no tienes tiempo de usar, y mucho menos mantener adecuadamente. Te puedes quedar a pasar horas al día trabajando para pagar deudas, limpiar y mirar tu casa llena de objetos sin usar. Tuviste la oportunidad de liberarte por completo de todas las cargas que vienen con estas acciones, tanto emocional como físicamente. En última instancia, puedes reclamar tu tiempo para vivir la vida que deseas. Puedes hacer lo que quieras con el tiempo que recuperas; La elección depende completamente de ti.

Al principio, es una gran idea tomar una página de tu diario y anotar todas las cosas para las que deseas tener tiempo. ¿Qué quieres hacer que no hayas hecho porque no tienes tiempo? ¿Cuáles son las cosas que has estado posponiendo porque nunca parece haber un momento libre para que las completes? ¿Cómo estás sufriendo en tu propia vida porque no te das suficiente tiempo para disfrutarla? Esta lista es algo a lo que debes referirte regularmente. A medida que adoptas el estilo de vida minimalista, querrás comenzar a verificar cosas fuera de esta lista. Si alguna vez no estás seguro de qué hacer o dónde ir, utiliza esta lista como una oportunidad para guiarte. Incluso puedes basarte en el registro a medida que surgen nuevas ideas, independientemente de cuán lejos o en lo profundo de tu viaje minimalista.

La parte más importante de ser un minimalista es todo el tiempo libre que tienes. Muchos minimalistas incluso pueden reducir sus horas de trabajo y dedicarse a tiempo parcial en lugar de a tiempo completo porque no necesitan todo el dinero extra y prefieren pasar el tiempo disfrutando de su vida. Muchos incluso pueden dejar su trabajo por completo y seguir una carrera que les apasiona porque ya no temen a lo que sucederá si no tienen un trabajo al que regresar en caso de que algo salga mal. La libertad que obtienes del minimalismo no tiene parangón, y es algo que puedes anhelar para disfrutar de tu viaje minimalista.

3. ¿Qué Valoras?

Una parte importante del viaje minimalista es aprender sobre lo que más valoras. Cuando tienes claro lo que más te importa, entonces sabes exactamente cómo gastar tu tiempo y tus recursos en crear una vida que ames, que es de lo que se trata el minimalismo. Deberías dedicar un tiempo a conocer lo que valoras y dejarlo claro.

Una buena forma de hacerlo es tomar tu diario y comenzar a escribir ese diario. Escribe lo que más te importa y lo que deseas obtener de la vida. ¿Qué experiencias te hacen sentir productivo con alegría y felicidad? ¿Qué te hace emocionarte por despertar y experimentar cada nuevo día que llega? Estas son las cosas con las que deseas enriquecer tu vida. Debes darte la oportunidad de experimentar estos con la mayor frecuencia posible. Cuando eres un minimalista, tienes menos de qué preocuparte en cuanto a cuidar tus pertenencias y ganar más. En cambio, tienes el don de más tiempo libre, lo que significa que puedes pasar tu tiempo libre como quieras.

La otra razón por la que es esencial saber qué es lo que valoras es que te permite decidir qué quieres comprar y tener en la vida. Por ejemplo, si aprecias la capacidad de subirte al automóvil e irte a algún lado, puede que quieras conservar tu automóvil, mientras que, si no te importa tomar el transporte público, puede ser más beneficioso si te deshaces de tu vehículo. Lo mismo sirve para prácticamente cualquier otra cosa que puedas tener.

4. Decir "No"

Aprender a decir "no" es esencial, y debería ser una de las primeras cosas que aprendes como minimalista. Debes saber cómo decir que no a traer más pertenencias a tu casa, cómo decir que no para conservar las pertenencias en tu casa y cómo decir no a las cosas que no quieres hacer.

Mucha gente cree que el minimalismo se trata de artículos, pero no es así. Se trata de tu tiempo y tu estilo de vida también. Se trata de eliminar todo lo que no sirva a tu bien supremo y aprender a decir no a todo lo que no te traiga alegría. Deseas aprender a decir no y decirlo con convicción, y nunca renunciar a tu respuesta. Nunca hay una razón suficientemente buena para hacer algo que no te haga sentir bien en general.

Decir "no" puede ser difícil al principio, especialmente si no estás acostumbrado a hacerlo. Sin embargo, cuanto más practiques, más fácil será. Primero debes aprender a decir no a cosas más pequeñas: ir de compras, llevar trabajos a casa, unirte a boletines por correo electrónico y otras cosas más accesibles. A medida que te acostumbras y te resulte más fácil, puedes comenzar a decirlo.

.

5. El Minimalismo es un Viaje

El minimalismo es un viaje, no un objetivo largo. No te despertarás una mañana con un trofeo en tu estante porque 'lograste' el minimalismo. En cambio, el minimalismo es un estilo de vida. Trabajarás hacia tu estilo de vida minimalista por el resto de tu vida, o hasta que ya no desees ser un minimalista. Pero no temas, si ya no estás enamorado de ello, la mayoría de las personas descubren que se apasionan por el minimalismo y, por lo tanto, es más fácil mantener el viaje a medida que avanzan.

Cualquier buen estilo de vida es un viaje. Como tal, puedes esperar que tu camino de minimalismo tenga altibajos, pros y contras, giros y todo tipo de eventos inesperados. Nada saldrá según lo planeado, y en la mayoría de los casos, esa es la belleza de la vida misma. Estas son solo algunas de las cosas que puedes esperar disfrutar durante tu viaje minimalista.

Saber que el minimalismo es un viaje es muy importante. Significa que no vas a entrar en eso pensando que lo dominarás o que todo se volverá más cómodo de la noche a la mañana. Si bien se compone de muchas habilidades, no es algo que simplemente puedas aprender y luego alejarte. El equilibrio que se requiere para mantener un estilo de vida minimalista asume un mantenimiento constante para garantizar que no te estás privando de tus necesidades básicas, ni que estás excediéndote en cosas que no necesitas. Siempre tendrás que mantener este equilibrio con tacto, atención plena y práctica. Pero, como con cualquier viaje agradable, vale la pena si te mantienes comprometido con el proceso.

El minimalismo es una hermosa oportunidad para aprender sobre ti y las cosas que amas. Obtienes la capacidad de convertirte en la persona que deseas ser y puedes tener la experiencia que desees en la vida. La primera parte de dominar tu viaje de atención plena y tus habilidades es darte cuenta de que nunca las aprenderás a fondo. Entonces, necesitas concentrarte y encontrar maneras de mantenerte enfocado en el propósito de tu viaje. Una vez que lo hayas hecho, estarás listo para tener la experiencia que desees en la vida. El dinero, el tiempo y los recursos estarán disponibles para ti porque has entendido tus prioridades.

6. Almacena Cosas Fuera de la Vista

Muchas personas se sienten obligadas a almacenar cosas en el mostrador, o en un espacio donde pueden agarrarlo y luego tirarlo de nuevo. Si bien esto podría ser conveniente para la parte de agarrarlo, también puede ser inconveniente para el resto. Después de todo, lanzar las cosas a menudo lleva a un desastre, y es probable que el desorden te guie al minimalismo, para empezar. Lo primero que debes hacer es aprender a almacenar elementos correctamente.

Lo ideal es guardar las cosas fuera de la vista. En los cajones, alacenas, gavetas y armarios es un excelente lugar para guardar los artículos que no usas todos los días. Esto significa que no tienes que mirarlo, aparte de cuando realmente quieres usarlo. La clave es asegurarse de que cuando ordenas las cosas en estos lugares fuera de la vista, sigas manteniéndolos organizados y bajo control. No querrás que abarroten tus áreas fuera de la vista, ya que esto solo conducirá a más estrés. En cambio, guárdalos de una manera organizada y lógica. Esto mantiene todo fuera de la vista para que tu entorno físico sea más limpio, y sigue siendo todo de fácil acceso y uso.

7. Reducir el Tiempo de Cocción

A muchas personas no les gusta cocinar durante largos períodos de tiempo. Si te encanta cocinar y no te importa cocinar de manera regular, ¡esto no se aplica a ti! Sin embargo, si no te gusta cocinar y, a menudo, te encuentras comiendo artículos "convenientes" que son costosos y ocupan espacio, podría ser hora de aprender a cocinar ¡sin tener que gastar tanto tiempo en hacerlo!

La preparación de comidas es una gran manera de cocinar un montón de comida para que no tengas que preocuparte por cocinar tanto de manera regular. ¡Puedes preparar comidas por unos días a la vez para que todo lo que tenga que hacer sea calentarlas y comerlas! Otra gran idea es la preparación de ingredientes. Esto significa que puedes pelar, cortar, picar, rebanar, cortar en cuadros, cortar en cubos, y almacenar artículos de una manera que los haga fáciles de cocinar. De esa manera, cuando llega el momento de prepararse, ¡simplemente agarras lo suficiente para descongelar y comenzar el proceso de cocción!

8. Delega

No todo tiene que ser hecho por ti. Puedes sentir que tienes que hacer todo solo, pero la realidad es que no tienes que. Puedes delegar fácilmente tareas en otro lugar para que tengas más tiempo para concentrarte en ti y en lo que deseas y necesitas hacer. Si tienes familia viviendo contigo, es fácil. Solo crea una lista de tareas, y todos tienen sus tareas únicas que se espera que hagan para mantener la casa operando de manera funcional diaria, semanal y mensualmente.

Si vives solo, por otro lado, puede ser un poco más difícil de delegar. Sin embargo, todavía hay tareas que puedes transferir. Por ejemplo, si odias las compras en el supermercado, puedes encargar comestibles directamente a tu puerta. Hay muchos servicios disponibles que ofrecen entrega local de ingredientes frescos. De hecho, incluso puedes encontrar servicios que proporcionen artículos orgánicos de origen local que sean saludables y convenientes. También puedes delegar otras tareas, dependiendo de lo que estás buscando encargar. Algunas personas incluso contratan mucamas o amas de llaves con todo su dinero extra, ¡para evitar que tengan que hacer el trabajo adicional en la casa!

9. Toma Descansos

Tomar descansos regulares de tecnología es esencial. Como sociedad, dedicamos una enorme cantidad de tiempo a los dispositivos. Nuestro tiempo de pantalla aumenta rápidamente, y a menudo ni siquiera nos damos cuenta de que está sucediendo. Entre todas nuestras herramientas únicas, puede ser fácil perder tiempo en el espacio en línea. Una excelente manera de recuperar tu tiempo es tomar descansos tecnológicos periódicos.

Los cambios tecnológicos significan que guardas toda la tecnología innecesaria durante un período. Puedes hacer descansos tecnológicos diarios durante unas pocas horas por día, interrupción de 24 horas una vez por semana o incluso descansos más largos. Exactamente cuánto tiempo elijas tomar descansos tecnológicos y qué tan seguido depende de ti, pero se recomienda que los tomes con frecuencia. Esto te da la oportunidad de recordar cómo experimentar la alegría en la vida, sin tener que depender de la gratificación instantánea de la tecnología que a menudo no sirve para nuestro mayor bien.

Cuando se trata de tomar descansos tecnológicos, quieres eliminar cosas como computadoras, tabletas, teléfonos celulares, relojes inteligentes, televisores y dispositivos de juegos. Las cosas que necesitas para cocinar, los controles para ingresar a tu casa o tu automóvil, y otros dispositivos tecnológicos similares son perfectamente aceptables para seguir usando. El beneficio proviene de reducir y eliminar el tiempo de pantalla de manera regular para que puedas mantenerte enfocado en la vida misma y en todo lo que la vida tiene para ofrecer. Estos descansos son excelentes para ayudarte a eliminar adicciones tecnológicas y recuperar tu tiempo.

10. Limpiar las Redes Sociales

A menudo pasamos una gran cantidad de tiempo en las redes sociales. Una buena idea es en realidad limpiar tus redes sociales. De manera regular, debes dejar de seguir páginas y grupos que no te gustan, eliminar a los amigos que no te gusta tener cerca y limpiar tus páginas para que sean más favorables para ti.

Gastar una cantidad significativa de información que consume mucho tiempo en las redes sociales significa que te estás exponiendo a un entorno volátil. Sin embargo, tienes cierto grado de control sobre lo que ves y lo que ves en línea, lo que significa que tienes la oportunidad de crear un entorno más favorable para ti. Debes tomarte el tiempo con regularidad para limpiar tus cuentas de redes sociales para que las mantengas lo más positivas posible. De esta forma, cada vez que pases tiempo en tus cuentas de redes sociales será positivo y práctico.

11. Rutinas de la Mañana

Hay mucha información flotando alrededor de lo que hace que una rutina de mañana efectiva, pero algo a considerar es lo que no hace a una rutina de mañana sólida. Las rutinas ineficaces de la mañana son prácticamente cualquier rutina que tiene demasiadas cosas en marcha. Por la mañana, es probable que tengas dos objetivos: despertarte con un estado de ánimo positivo y adquirir suficiente energía para afrontar el día que te espera. Cada actividad individual que hagas en la mañana debe cumplir con estas necesidades. Si descubres que estás participando en actividades matutinas de rutina que no son beneficiosas para ti, entonces debes eliminar estos eventos de tu rutina. No siempre es necesario reemplazarlos por otra cosa; solo necesitas crear una rutina matutina que te sirva.

Muchas veces leerás que una rutina debe ser de una duración absoluta o incluir algunos aspectos para ser productiva. La realidad es que puedes tener una rutina productiva de 10 minutos por la mañana, o puedes tener una productiva rutina de mañana de 45 minutos o más. La cantidad de tiempo que te lleva completar tu rutina y lo que está específicamente involucrado es único para ti, y solo debe consistir en cosas que te ayuden a sentirte lleno de energía y confianza en tu día. Si solo te lleva cinco minutos hacerlo, ¡genial! Si te hace falta una hora para hacerlo, está completamente bien.

12. Otras Rutinas

Hay muchas rutinas diferentes en que participas a lo largo de tu día, también. En muchos casos, establecemos un método y nunca lo volvemos a revisar para ver si estamos usando la manera más eficiente disponible para nosotros. Es una buena idea visitar las tareas rutinarias que realizas regularmente para hacerlas más eficientes y efectivas, si es posible.

Por ejemplo, tal vez siempre tomes la misma vía al trabajo, pero debido a la instalación de nuevas medidas de tráfico, hay una nueva ruta que te resultará más rápida o más fácil de elegir. Sin embargo, tal vez porque nunca reexaminas tu rutina, todavía estás haciendo un largo camino hacia el trabajo. Ahora sería un excelente momento para visitar este método y cambiarlo. Alternativamente, tal vez siempre lavas los platos enjuagándolos, secándolos bien y luego volviéndolos a lavar, cuando en realidad puedes aprender a apilarlos de manera más eficiente para que no tengas que secarlos entremedio. En este caso, solo puede apilarlos mejor, o lavarlos con más frecuencia, y hacer la tarea significativamente más cómoda.

Es una buena idea echar un vistazo a todo lo que haces a diario sin pensarlo y encontrar formas en que puedas mejorar estas rutinas para ser más eficiente y competente. Cuanto mejores te sirvan estos métodos, más relajado serás capaz de terminarlas y pasar el resto de tu tiempo libre disfrutando de la vida.

Tu tiempo es valioso, y una parte importante del minimalismo es reconocer el valor de tu tiempo y gastarlo con prudencia. Muchas personas invierten una enorme cantidad de dinero y objetos materiales y no se dan cuenta de lo negativamente que esto afecta su tiempo, que tiende a ser más valioso que el dinero o los objetos importantes. El minimalismo se trata de aprender a reemplazar tu valor del tiempo y gastarlo de una manera que te sirva. Deseas pasar tu tiempo de una manera que sea efectiva y eficiente para que puedas obtener el mayor disfrute y positividad de la vida posible.

13. Olvídate de la Perfección

Algo vital para que aprendas es que debes olvidarte de la perfección. La perfección es algo que agrega estrés a nuestras vidas y hace que sea más difícil para nosotros disfrutar de la vida misma. Pasamos tanto tiempo tratando de realizar las cosas bien que fallamos en pasar el tiempo haciendo. Aplicar habilidades minimalistas a tu vida significa que eliminas la necesidad de ser perfecto y aprendes cómo ser. Por supuesto, no dice que no necesites dar lo que eres. Al contrario, significa que solo das lo mejor y luego lo agradeces.

Olvidarte de la perfección y concentrarte en hacer, significa que logras más en tu vida. Cuando sueltas tu apego para hacer las cosas íntegramente, te das la libertad de sentirte más seguro y feliz con lo que logras cuando haces tu mejor esfuerzo. Le quitas los constantes sentimientos de incompetencia e insuficiencia, y te das la oportunidad de sentirte poderoso y seguro.

14. Haz lo que Amas

Debes practicar invertir tiempo en hacer algo que amas todos los días. Esperar por disfrutar del tiempo haciendo lo que amas nunca es beneficioso y puede reducir tu calidad de vida. Hacer algo que te gusta todos los días te da la oportunidad de disfrutar tu vida todos los días, también. No tienes que hacer algo importante, pero debes hacer al menos una cosa por día para ayudarte a disfrutar más de la vida.

Algunas ideas de lo que podrías hacer incluyen: cocinar o comer una comida que te guste, ir a un lugar pintoresco en algún sitio que te guste, practicar un pasatiempo o actividad que te guste, o hacer cualquier otra cantidad de cosas pequeñas que desees. También podrías hacer algo más significativo, como viajar a algún lugar, tomar una nueva clase o hacer algo más comprometido que lo que desearías hacer. No hay límite para lo que puedes o no puedes hacer cuando haces lo que amas. En cambio, solo hazlo.

Además, debes aprender a convertir todo en algo que disfrutes más. Puede que no necesariamente te guste todo, pero ciertamente puedes hacerlo más agradable para ti. Por ejemplo, en lugar de simplemente limpiar los platos, mira si puedes convertirlo en un juego y hacerlo más agradable. O, en lugar de solo barrer los pisos, establece la escoba como tu micrófono improvisado y ten un concierto en casa para ti. Hay tantas maneras de convertir las actividades diarias en aquellas que amas creativamente; no hay razón para pasar todos los días haciendo cosas rutinarias por obligación.

15. Evalúa tu Horario

Tómate tu tiempo para pensar en tu horario. ¿Disfrutas todo lo que hay en él? ¿Te está satisfaciendo o haciéndote sentir feliz? Si no estás satisfecho con tu programa, debes ajustarlo para que se adecue a tus necesidades. Si es abrumador, encuentra la manera de atenuarlo y tener más tiempo para la relajación y la paz. Si tu agenda es decepcionante, encuentra algunas actividades nuevas que puedas agregar a tu horario regular. A veces puede que no tengas un plan abrumador o decepcionante, pero muy poco de lo que hay en él te ilumina y te hace sentir feliz. Si este es el caso, deberías encontrar la manera de agregarle más cosas que te lleven alegría y te hagan amar tu vida aún más.

Tu agenda puede ser una herramienta fantástica para ayudarte a experimentar más alegría, o puede ser un dispositivo peligroso que destruya tu felicidad. Si puedes administrar tu agenda sabiamente, puedes tener una increíble selección de planes configurados que te permitan controlar tus responsabilidades y disfrutar de la vida misma. Idealmente, deseas aprender cómo puedes equilibrar tu agenda de esta manera armoniosa.

16. Explora el Mundo

Explorar el mundo es un medio valioso para agregar felicidad, alegría y educación a tu vida diaria. Por supuesto, la mayoría de nosotros no podemos empacar y explorar el mundo todos los días o en un abrir y cerrar de ojos. Sin embargo, vivir un estilo de vida más minimalista significa que tienes mucha más libertad para explorar tu camino. Con menos gastos y más tiempo, puedes hacer lo que quieras en su mayor parte. Debes aprovechar esto explorando el mundo.

Puedes explorar el mundo que te rodea o puedes viajar y explorar otros lugares del mundo. No hay límites ni reglas sobre lo que puedes o debes hacer cuando estás investigando. Ve directamente a donde te lleva tu corazón. Cada nueva exploración te aportará tanto valor y conocimiento en tu vida, y la mayoría generará una sensación amplia de alegría y felicidad que enriquecerá tu vida de maneras que otros recursos de aprendizaje no pueden lograr.

El mundo es un lugar brillante, y una de las alegrías de ser minimalista es que te resulta más fácil explorar y disfrutar el mundo. Ya sea que estés haciendo senderismo, acampando, volando, viajando en tren, recorriendo países o quedándote en tu patio trasero, nada mejor que explorar el mundo a tu alrededor y conocerlo mejor.

17. Haz Algo Nuevo

¿Alguna vez has sentido que el tiempo simplemente se esfuma? En un momento es un abrasador y caluroso día de verano, y estás bebiendo una bebida helada, y al siguiente momento es un frío día de invierno tres años después, y estás en el mismo lugar, ¿solo bebiendo una bebida caliente? La investigación sugiere que el tiempo se desvanece porque continuamente hacemos lo mismo todos los días. Las personas promedio se despiertan, van al trabajo, pasan ocho horas trabajando, vuelven a casa, se relajan, van a la cama y luego vuelven a hacerlo todo de nuevo.

Como minimalista, tienes la oportunidad perfecta para romper este ciclo y llevar una vida donde cada día es precioso y diverso desde el último, y cada uno es memorable y tiene un propósito al permitirte ser una versión más feliz de ti mismo. Todo lo que tienes que hacer es practicar hacer algo nuevo cada día. O al menos, algo nuevo cada semana. Puedes hacer algo tan pequeño como hacer una receta original o conducir una nueva ruta, o algo más importante como viajar a un nuevo lugar o elegir un nuevo pasatiempo. Hacer algo nuevo rompe la monotonía y pone algo de energía en tu rutina. Hace que cada día se destaque y sea único al del pasado, y del resto que está por venir. Hace la vida emocionante y mantiene las chispas. El tiempo se ralentizará un poco ya que cada día no se fundirá el uno con el otro, haciendo que la vida sea difícil para ti en general. De hecho, es una excelente oportunidad para retomar el control de tu vida y comenzar a vivir una que amas, al máximo.

18. Libera Ataduras

¿Cuántas veces te aferras porque tienes miedo de soltar? O, porque dejarlo ir sería demasiado inconveniente. Estas relaciones pueden ser con amigos, objetos, lugares o cualquier otra cantidad de cosas que tengas en la vida. Las relaciones son comunes, y nunca te desharás de tu tendencia a crear relaciones hacia cosas en tu vida. Sin embargo, es esencial que elimines de tu vida con regularidad y te deshagas de las relaciones que no te sirven o te dan alegría en la vida.

Liberar vínculos te da la oportunidad de dejar el pasado y abrirte a cosas más grandes y mejores. Te dan la oportunidad de refrescarte y abrir espacio en tu vida. Deja de sentirte culpable o incluso apenado por personas, lugares o cosas específicas y comienza a sentirte libre una vez más.

Puede ser difícil liberar ataduras, principalmente cuando hemos invertido una cantidad significativa de tiempo, emoción o energía para mantenerlas. Sin embargo, el valor que puedes obtener al liberarte de esos vínculos es inconmensurable. Piensa en cuánto más devastado estarás si inviertes aún más tiempo, emoción y energía en algo que te ocupa. Eventualmente, se va a filtrar, ya sea porque termina naturalmente o porque simplemente no puedes llevarlo más. Es mejor cortar las ataduras cuando tienes el control y tienes el poder de hacerlo por tu cuenta.

19. Enamórate de ti mismo

Eres la única persona con la que tienes que vivir cada día de tu vida. Otros vendrán y se irán. Algunos estarán allí durante mucho tiempo, pero ninguno estará inmediatamente a tu lado por cada día de cada minuto de tu vida. Solo tú lo estarás. Si no te tomas el tiempo para enamorarte y crear una relación contigo mismo que ames, no te divertirás mucho en la vida.

Enamorarte de ti mismo es esencial, y debes invertir en eso todos los días. Piensa en ello como un matrimonio: si no dedicas el tiempo para trabajar en él, se derrumbará. Por supuesto, habrá altibajos, pero siempre debes tomarte el tiempo para ser amable contigo mismo y amarte a ti mismo como lo harías con tu cónyuge. Solo, diviértete aún más. Eres valioso y lo vales, y como resultado, siempre debes encontrar el tiempo para enamorarte a ti mismo a diario. Te lo mereces.

20. Evalúa tu Entretenimiento en el Hogar

¿Cuánto tiempo pasas de esparcimiento en tu casa? Para muchos de nosotros, no lo consideramos a diario o incluso semanalmente. Si esto es cierto para ti, entonces necesitas tomarte un tiempo para clasificar tus cosas y eliminar lo que no necesitas. No es necesario aferrarse a las cosas para entretener a los invitados si rara vez tienes invitados. Esto solo requiere el uso de espacio de almacenamiento para algo que no necesitas, que va en contra de los valores fundamentales del minimalismo. Es hora de que te hagas honesto contigo mismo sobre tu agenda de esparcimiento y reducir tus entretenimientos para reflejar ese programa.

Tu vida diaria puede verse afectada significativamente por el minimalismo. Con frecuencia nos encontramos viviendo una vida cotidiana que es incómoda, insatisfactoria y muchas veces llena de actividades innecesarias. Si deseas hacer un cambio en tu vida, debes adoptar valores minimalistas más allá de tus pertenencias físicas. Debes estar dispuesto a aplicarlos en otro lugar de la vida también para que puedas liberarte de todo lo que no te sirve o te trae alegría y llevar una vida que sí lo haga.

Capítulo 10:
Cómo Mantener Tu Vida Minimalista

Mantener tu estilo de vida minimalista es tan importante como adoptarla, y es la parte más difícil de ser minimalista. Eventualmente se volverá más cómodo, pero al principio, esta será la parte más difícil.

Mira, desde el principio, cuando te deshaces de todo y ves "la luz al final del túnel", puede ser sencillo como minimalista. El efecto catártico de ver espacios despejados en tu casa y tu vida es tan satisfactorio que casi llegas a una especie de "altura minimalista" que se siente tan bien. Pero un día te toparás con una experiencia en la que te sentirás obligado a comprar algo que no necesitas, o llegarás a casa y te darás cuenta de que trajiste a casa varios artículos que no necesitabas. Y es posible que sientas que has vuelto al punto de partida. Esto se debe a que la fase de luna de miel del nuevo estilo de vida ha cambiado.

Esta fase de luna de miel existe con cualquier estilo de vida nuevo. A menudo es a lo que se refieren las personas cuando dicen "la novedad se desvaneció". Pero, si quieres ser un verdadero minimalista, necesitas trabajar más allá de la caída de la fase de luna de miel y seguir trabajando para ser minimalista. De lo contrario, terminarás en el mismo lugar en el que estabas cuando comenzaste: ya sea mirando a una habitación llena de desorden diciendo "Ya no puedo hacer esto" o mirando un calendario repleto de infelices citas que dicen "ya no puedo hacer esto". No te servirá volver atrás en lo que has desarrollado hasta este momento.

Se esperan reveses y pasarán tiempos difíciles. Cada nuevo estilo de vida viene con un punto en el que finaliza su fase de luna de miel y comienza la verdadera adaptación. Cuando esto te pase depende de ti, de lo emocionado que estés por cambiar tu estilo de vida y de lo que significa para ti el cambio en el estilo de vida. Sin embargo, debes darte cuenta de que va a suceder. Cuando lo hagas, querrás estar equipado con conocimientos sobre cómo manejar los reveses que puedan ocurrir.

Mantener tu estilo de vida minimalista será difícil durante un período corto. Sin embargo, eventualmente pasarás ese tiempo y será más fácil. Muy pronto se convertirá en una segunda naturaleza para ti, y te darás cuenta de que el valor que ganas del estilo de vida es mayor que los inconvenientes menores que puedes experimentar en tu vida diaria de vez en cuando. Los siguientes consejos te guiarán a lo largo de este período de mantenimiento y te enseñarán cómo puedes hacer que tu estilo de vida minimalista se quede para siempre.

1. Toma un Descanso de las Compras

Es esencial saber cuándo dejar de comprar. Una vez que tienes todo lo que necesitas, rara vez es necesario adquirir más. Tal acción sería un estilo de vida consumista, no un estilo de vida minimalista. Si deseas mantener tu minimalismo, debes tomar descansos comerciales regularmente. Compra solo lo que necesitas y evita comprar más. Incluso puedes dar un paso más y hacer descansos totales de vez en cuando. Por ejemplo, intenta no gastar dinero durante toda una semana, ni siquiera en alimentos. La mayoría de las personas puede hacer esto rápidamente consumiendo la comida que han acumulado en su refrigerador.

Los descansos en las compras nos recuerdan que debemos dejar de gastar lo que no necesitamos gastar e invertir en lo que realmente importa. Además, nos enseñan a encontrar alegría en otras partes de la vida, como en las que el dinero no puede comprar la felicidad. Hay muchas cosas que puedes hacer en lugar de gastar dinero; simplemente lleva un tiempo descubrir qué y cómo. Con cada descanso de compras, serás aún mejor en perdurar más tiempo y aún tener una vida satisfactoria durante el periodo de tu descanso. ¡Considéralo un juego minimalista!

2. Calidad sobre Cantidad

Cuando vayas de compras, siempre asegúrate de buscar calidad sobre cantidad. No tiene ninguna importancia tener un número significativo de cosas que no tienen ningún valor. En cambio, deseas invertir en cosas que aportarán valor a tu vida. La ropa duradera, los productos de limpieza que funcionan bien y los muebles que duran son mejores que tener una cantidad significativa de artículos que se deshagan o no cumplan con su trabajo previsto.

Uno de los muchos errores comunes del estilo de vida consumista es el "Voy a comprarlo barato ahora para poder comprar más artículos y luego lo reemplazaré con algo mejor después". ¿Alguna vez te diste cuenta de que después nunca llega, y los artículos a menudo son reemplazados con más artículos baratos? Eso es porque compran con esta mentalidad cada vez. En cambio, ve con la intención de salir con nada, excepto lo mejor que se ajuste exactamente a lo que necesitas. Si necesitas un sofá, encuentra el que te trae alegría, cumple bien su propósito y durará mucho tiempo. De esta forma, no te ves comprando otro sofá en unos meses o un año porque invertiste en uno que se desintegró recién sacado del camión de reparto.

3. Sacúdete de las Ventas

Las ventas son un entorno de alto consumo que debes aprender a deshacerte como minimalista. Las ventas nos alientan a gastar más dinero de lo que queríamos y llevar a casa más artículos de los que pretendíamos. Rápidamente nos llevan a tener una gran cantidad de desorden sobre nuestra casa una vez más. Como minimalista, necesitas deshacerte de las ventas.

La única vez que debes asistir a una venta es si tienes algo concreto que estás buscando y sabes que estará a la venta y tienes la disciplina para entrar, conseguirlo y marcharte. Si no la tienes, no deberías ir. Entrar y salir con más de lo que necesitas o deseas es peligroso, ya que te lleva de vuelta al estilo de vida consumista. Lo mejor es sacudirte de las ventas por completo. Por lo menos, nunca entres en una sin un objetivo y un plan claro.

4. Concéntrate en tu Mentalidad

Tu forma de pensar es el jugador más importante cuando se trata de tener éxito en cualquier estilo de vida. Cuando deseas mantener un estilo de vida minimalista, siempre debes pensar como un minimalista. Busca maneras de reducir el número de vínculos y ataduras dañinas que tienes en tu vida y las formas de aumentar el número de positivas. Esto te ayudará a sentirte mejor contigo mismo y con tu vida de forma continua. Tu forma de pensar es siempre el jugador más importante en si tendrás éxito o no en lo que te has propuesto lograr.

¿Recuerdas cómo fuiste animado a aclarar por qué querías ser minimalista en el capítulo uno? Tener estos escritos hace que sea fácil para ti trabajar en tu forma de pensar de manera regular y mantenerte en el camino con el estilo de vida que deseas vivir. Eventualmente, se convertirá en una segunda naturaleza, y ni siquiera tendrás que pensar dos veces: serás minimalista por naturaleza. Hasta entonces, siempre mantente enfocado en tu forma de pensar y manteniéndolo para ser un minimalista.

5. Continúa Practicando

El minimalismo es un viaje, como ya has aprendido. Siempre tienes que estar dispuesto a continuar practicando. Habrá momentos en los que tendrás un tropiezo, y gastarás más de lo que debiste, o traerás a casa más de lo que esperabas. Aún experimentarás el remordimiento del comprador y desearás haber gastado tu dinero en algo diferente. Vives, y aprendes, el minimalismo no te alejará de esa regla de vida. Sin embargo, el punto más importante es que sigas practicando. Cuanto más practiques ser minimalista y mantenerte equilibrado en tu estilo de vida, mayor será el éxito que tendrás. Nada es fácil, ni siquiera si lo haces de forma natural para ti.

6. Encuentra Inspiración

Preservar tu habilidad para mantenerte funcional como minimalista significa que debes aprender cómo puedes encontrar inspiración para seguir tu estilo de vida. La inspiración se puede encontrar en muchos lugares, desde las redes sociales hasta las revistas e incluso en la comunidad minimalista local.

La inspiración puede venir en muchas formas. Puedes sentirte inspirado para reducir la cantidad de cosas que usas, alentado a encontrar nuevas formas de usar las cosas que tienes y sentirte animado a vivir una vida más cómoda. Tal vez te sientas inspirado para pasar tu tiempo libre de una mejor manera que te permita disfrutar de tu vida. Encontrar inspiración es una forma esencial para que continúes siendo feliz, disfrutando la vida y viviendo como un minimalista funcional y exitoso.

7. Hacer Amigos Minimalistas

Como minimalista, puede ser difícil pasar tiempo con los consumidores. Si bien es probable que no juzgues a otras personas por su forma de vida, puede ser un reto pagar la vida de la forma en que deseas llevarla. Mucho tiempo los consumidores no tienen suficiente dinero para vivir la vida de la misma manera que los minimalistas. También es posible que quieran pasar tiempo haciendo compras y gastar dinero en cosas que ya no significan tanto para ti. Pasar tiempo con gente así puede ser difícil.

Si bien no es necesario que sueltes a tus amigos consumidores, puede ser beneficioso adquirir nuevos amigos minimalistas. Deseas encontrar personas que vivan la vida con los mismos valores que tú y que puedan ayudarte a lo largo de tu camino minimalista. Ser amigo de otros minimalistas te brinda la oportunidad de ser amigo de aquellos que pueden ayudarte a avanzar en tu camino, que reconocen tus valores y entienden tus motivos, y que pueden disfrutar de la vida contigo de una manera que enriquece tu vida.

8. Vivir la Vida al Máximo

Una de las principales razones por las cuales las personas se vuelven minimalistas es que pueden vivir la vida al máximo sin las retenciones de las pertenencias materiales y los gastos que ocasionan. Simplemente no puedes convertirte en un minimalista si no vas a vivir tu vida al máximo. La mejor manera es asegurarte de que estás aprovechando cada día y obteniendo el máximo placer posible de él. Cuanto más disfrutes cada día, más satisfactorio y gratificante será tu viaje de por vida.

La vida es alegría, entretenimiento, satisfacción, crecimiento, aprendizaje, exploración y mucho más. Es crucial que aprendas a aprovechar estas cualidades e infundirlas en tu vida diaria. Cuanto más disfrutes de tu vida, más disfrutarás de lo que eres y te sentirás realizado en tu vida.

Además, las personas que realmente disfrutan de la vida tienen menos probabilidades de estresarse en las tiendas y, por lo tanto, es más probable que continúen disfrutando de la vida al máximo. Puede ser fácil sentirse estresado y dirigirse a las tiendas para solucionar cualquier dolencia que están lidiando con lo que se conoce como "terapia de venta al por menor". La realidad es, sin embargo, que la terapia de venta al por menor es más dañina que positiva. El tratamiento al por menor te lleva a gastar dinero que no tenías la intención, lo que puede llevarte a tener menos dinero para lo que necesitas y, por lo tanto, a sentirte más estresado. Si deseas hacer un cambio, debes aprender a dejar de utilizar la terapia de venta al por menor como tu fuente de referencia, lo cual mantiene tu estrés bajo control. Vivir la vida al máximo puede ayudarte a hacer justamente eso.

Mantener tu estilo de vida minimalista no es tan difícil como parece. Hay muchas formas naturales en que puedes mantener tu estilo de vida bajo control sin sentir que te falta o tienes menos que otros. De hecho, las personas más ricas son aquellas que se sienten genuinamente satisfechas con lo que ya tienen en la vida. Aquellos que quieran más, probablemente nunca lo encuentren comprando más y más pertenencias. El viaje interior es la única forma de encontrar la satisfacción y plenitud pura, de modo que cuando aprendes a ver eso, entonces toda tu posesión material de repente pierde un significado tan grande en la vida. Se vuelve mucho más fácil mantener tu estilo de vida y, de hecho, se vuelve tan profundamente satisfactorio que probablemente nunca volverás a pensar en vivir de otra manera.

Recuerda, el minimalismo es un viaje, y vas a tener altibajos. Es posible que todavía te encuentres siguiendo viejos hábitos que has desarrollado por muchos años. Eso está bien y es completamente normal. Se gentil contigo mismo, aprende de ello y encuentra la manera de regresar al mundo del minimalismo. Eventualmente, será mucho más accesible detener las compras impulsivas incluso antes de que comiences, lo que te permite mantener tu estilo de vida minimalista sin esfuerzo honestamente.

Conclusión

¡Gracias nuevamente por comprar este libro!

Espero que este libro haya sido capaz de ayudarte a adoptar un estilo de vida minimalista.

El siguiente paso es seguir las estrategias discutidas en este libro.

Finalmente, si disfrutaste este libro, entonces me gustaría pedirte un favor, ¿serías tan amable de dejar una reseña de este libro en Amazon? ¡Sería muy apreciado!

¡Gracias y buena suerte!

Chloe S

CÓMO LIMPIAR TU CASA

———— ✎✎✎✎ ————

100 Consejos Fáciles y Plan de Acción de la Mentalidad De Limpieza Revolucionaria

Chloe S

Introducción

Considera esto: tu tiempo y cómo lo gastas es básicamente tu vida. Si tu hogar y tu castillo no están establecidos, organizados, para apoyarte en la exploración de tus pasiones o para recargarte de tu vida salvaje y alocada, entonces estas desperdiciando tu vida.

¿Quién dice que el espacio del "comedor" tiene que ser un comedor si nunca te entretienes formalmente? ¿Por qué no convertirlo en una biblioteca, una sala de música o una sala modelo de fabricación de embarcaciones, si eso se relaciona con tus pasatiempos más directamente?

¿Qué pasa si tienes un área dedicada al *scrapbooking*? Me la imagino ordenada, reluciente y lista para que te pases en un minuto cuando se despeja una media hora libre.

¿Eso no refrescaría, relajaría y satisfaría tus impulsos creativos mejor que media hora frente a la TV, o vagar sin rumbo por la casa arrastrado por docenas de objetos extraviados o inútiles?

No temas mirar tus habitaciones con nuevos ojos. Están ahí para servirte, no para estar a la altura de una planta obsoleta.

Escuché a dos mujeres en una reunión decir: "Solo necesitamos organizarnos para que esos libros sean escritos y publicados..." ¡y una bombilla se encendió en mi cabeza!

94

Pensé: "¡Eso es todo! No solo te organizas para organizarte; ¡¡te organizas para hacer cosas!! "

Hacer pasatiempos, hacer pasiones, hacer proyectos; Descansar y Relajarte. La organización está ahí para servirte, no para gobernarte.

Imagínate esto: es un sábado libre y tu casa está organizada casi por completa. Sin cabos sueltos de los que sentirte culpable. ¿Qué estás haciendo hoy para disfrutar y vivir este sábado al máximo? ¿Cómo podrías hacer eso un día sí y un día no también?

Sigue leyendo

¿Por qué organizar?

Cuando lo tienes en su lugar, ¡estás organizado para lo mejor de tu vida!

El primer consejo es el más importante: Organiza las culpas primero. Tus culpas surgen de cualquier cantidad de influencias convincentes. La frugalidad de la era de la depresión, o el consumismo posterior a la Segunda Guerra Mundial (visto como la respuesta a nuestra economía devastada por la guerra), o mantenerse al ritmo de los Jones, o simplemente la exuberante tendencia humana a dedicarse a más actividades de las que podemos manejar cómodamente.

¿Adivina qué? A nadie le importa. Diviértete analizando, pero no te rindas al respecto. Para cuando lo descubras, ¡podrías haber tenido el armario del pasillo Y el garaje ordenados!

El segundo consejo más importante es el siguiente: nunca subestimes el valor de la organización y planificación. El tiempo que dedicas a deshacerte del desorden y organizar lo que queda para poder poner en tus manos todo lo que necesites en menos de un minuto te reintegrará por 100 veces.

Que 5-6 horas a la semana son básicamente los 55 minutos diarios que se estima que los estadounidenses perdemos, buscando cosas que no podemos encontrar. Incluso si no hiciste nada más "útil" que mirar fijamente al espacio * durante esos 55 minutos al día, ¡te garantizo que tu vida será mejor, más tranquila, más centrada y más productiva!

96

Las investigaciones muestran que la mejor manera de aliviar el estrés es limpiar un armario. Dado el zumbido de energía y despreocupación que siento después de limpiar un armario, incluso cuando es uno de mis clientes. Estoy segura de que es cierto. Es un regalo que sigue dando, porque cada vez que recuerdas el armario, vuelves a sentir esa emoción.

Las cosas estancadas nos arrastran a un grado casi increíble, que solo se vuelve evidente cuando se quitan.

¡Imagina si tu espacio de trabajo o toda su casa estuvieran tan optimizados como ese armario!

* Mirar hacia el espacio es una forma de meditar, lo que es muy productivo...

Si tienes una guía que seguir cuando haces algo, la actividad será mucho más fácil. Lo mismo aplica para Organizar. Este ejercicio completo se realizará de acuerdo con las siguientes directrices; son básicamente las reglas del juego.

Veámoslas

Directriz 1 - Visualizar

Pinta una imagen clara de los resultados finales en tu mente. Esto establecerá un objetivo claro que pretendes lograr al final de esta actividad.

Directriz 2 - Dinero

Objetivo para ganar algo de dinero al final. El dinero es el mejor factor de motivación. Es una herramienta excepcional que puede llevarte a lugares o ayudarte a ti y a tu familia con los gastos del hogar y la vida cotidiana. Incluso podría sumar a tus ahorros y gastos de emergencia.

Directriz 3: Tomar medidas

Los pensamientos te harán considerar que está sucediendo, pero la acción hará que suceda. Simplemente la definición de poder es "la capacidad de actuar".

Directriz 4 - Organizar

Los artículos que ordenes deben organizarse en cinco pilas. Existe la necesidad de un método estratégico y sistemático para la organización que reduzca el consumo del uso del tiempo y te permita ser más específico y detallado con tu plan para dividir y compartimentar los elementos esenciales de la basura.

Equipo Necesario para Organizar:

- Necesitarás bolsas de basura, cajas, rotuladores, trapos para polvo y tijeras.

- Comienza marcando las cajas (como se indica en el Capítulo 6: 5 Pilas)

- Prepara un temporizador y configúralo para el tiempo correspondiente requerido (Capítulo 5: Directriz 3; Tomar Medidas)

Organiza tan rápido como puedas y no saques más elementos de los que podrías despejar durante el período de tiempo especificado. Es decir, atraviesa una sola área, habitación, armario, un cajón o un mueble a la vez. ¡No lo hagas todo de una vez! Organizar se supone que es divertido y un proceso inspirador que te encantaría hacer de nuevo.

Ahora, con las bolsas de basura y las cajas completamente preparadas antes de organizarlas, puedes empezar usando un trapo para polvo, trapea/limpia y deshazte de las cosas que decidas que no pertenecen al área donde comenzaste. Etiqueta las cajas designadas como almacenamiento para las cosas que se deben organizar.

Una vez que se detiene el cronómetro, debes disciplinarte para apilar las bolsas de basura y las cajas para dejar espacio a otras prioridades y programaciones en tu vida. Pero, por supuesto, no olvides vaciar todas esas bolsas para usarlas en tu próxima sesión de ORGANIZACIÓN hasta que se haya completado todo el proceso. ¡Comprueba cuán rápido puedes hacer todo esto!

Directriz 5 - Digitalizar

Prepara una ubicación para los documentos entrantes que generalmente se vuelven parte del desorden. La razón de esto es que los colocamos en varios puntos de la casa, sobre la mesa, la silla, la cama, la parte superior de los cajones y los armarios, o incluso dentro del automóvil. Está todo disperso y desarreglado. A veces, nuestros documentos se acumulan en montañas porque no tenemos un buen almacenamiento para todo esto.

Podríamos crear carpetas simples con etiquetas que separen las facturas principales y otros documentos, colóquelas en un área específica solo para esto. Tal sistema puede no ser perfecto, pero también puede almacenar algunas carpetas de archivos y etiquetas adicionales por si acaso tienes que crear un archivo nuevo. Me refiero a las copias impresas de tus papeles y documentos. Sin embargo, hay otra manera excelente de poner tus papeles y tu casa en orden.

Además de designar una caja de archivo, otra estrategia perfecta es digitalizar. Si recibió correo, documentos escolares, recibos, manuales, avisos, volantes importantes, podría tener todo escaneado y guardado a través de un método de almacenamiento digital. Este pequeño cambio podría hacer maravillas y transformar su papeleo.

Esto lo ayudará a mantener una cantidad considerable de artículos sin desecharlos, ya que se trata de un método de almacenamiento sin desorden.

Directriz 1 - Visualizar

Haz esto al comienzo del proceso.

Como dije antes, debes tener el resultado en mente, entonces sabes a dónde te diriges. Además, es la manera más divertida de comenzar el proceso porque puedes imaginar cómo será el resultado final.

Cuando estoy ordenando mi casa o área de trabajo, me tomo unos minutos para mirar la sala y pensar cómo quiero que se vea más adelante. Me hago preguntas como, "¿Cuáles son los muebles más importantes? ¿Qué no pertenece en esta área? ¿Qué se debe colocar aquí o allá? ¿Me encanta este objeto? ¿Lo he usado en los años anteriores? ¿Se considera basura? ¿Probablemente tengo otro elemento similar que es mejor? ¿Debo guardar dos elementos iguales a la vez? ¿Este objeto tiene algún valor sentimental? ¿O me produce sentimientos de culpa y tristeza cada vez que veo estas cosas en particular?

Visualizar cómo se verá la habitación, si no está tan abarrotada, ayudándome a replantearme y planificar lo que debe considerarse como no esencial y que todo se elimine en un instante. Visualizar en realidad funcionó de maravillas para mí y espero que haga lo mismo por ti. Otro buen consejo es que limpies de tu casa todo lo que te haga sentir enojado, culpable o triste y solo guardes lo que te hace feliz. Si no amas algo y solo se vuelve doloroso de ver ¡tíralo! Puede ser amado por otra persona.

Por ejemplo, piensa en un contenedor y, antes de abrirlo, visualiza qué debería contener. Luego, una vez que lo abras, elimina lo que no imaginaste. Es así de simple.

Hay algunas cosas que recordarás porque tienes un sentimiento negativo al verlas. También sugiero que los elimines del contenedor. Una vez hecho esto, tienes una idea clara de lo que debería estar en el contenedor.

Aplica lo anterior en cualquier área que hagamos para Organizar.

Pero hay algo que siempre debes tener en cuenta

"¡No deseches ningún artículo antes de verificar si es necesario!"

Lo último que quieres hacer es arrepentirte de haber tirado algo solo porque lo pasaste por alto.

También podrías comenzar una zona sin desorden, que podría ser un mostrador, una parte de tu sofá, mesa de la cocina o mesa de trabajo. Despeja esta área y donde sea que puedas comenzar, establece una regla fija de que no se puede colocar nada en ese lugar que no sea importante. Todo en esta área debe ser limpiado y guardado. Podrías expandir esto lentamente cada día hasta que tu área sin desorden se haya extendido por toda la casa y descubras que pudiste ordenar toda la casa en un abrir y cerrar de ojos.

Aquí hay otro hecho curioso, si hay días en los que no tienes ganas de trabajar en una sesión importante de limpieza durante los días de semana, puedes programarlos

los fines de semana e incluso involucrar a tu familia y amigos. Cuantas más manos colaboradoras, mejor. No solo estás organizando sino que también servirá como un tiempo de vinculación con los más cercanos a ti, mientras que los educas sobre cómo vivir un estilo de vida organizado y libre de desorden.

¡Consejo! - Incluso puedes dibujar una imagen aproximada de cómo deberían verse tus habitaciones organizadas. Esto te motivará aún más a tomarte un gran esfuerzo para ordenar porque tienes una idea clara de lo que estás buscando.

Directriz 2 - Dinero

Como dije antes, este es el mejor factor de motivación.

Piensa en esto como un incentivo que obtienes al eliminar todas las cosas no utilizadas.

Pausa por un momento y haz esto. Visualiza todo lo que no has estado usando, pero puede ser utilizado por otra persona en el medio de su salón. Para cada artículo, imagina el dinero en efectivo que tenga como objeto de segunda mano. Haz esto para todos los artículos. Al final, tendrás un paquete de efectivo en el medio de tu salón.

Puedes pensar que has pagado más por estos artículos que la cantidad que estás recibiendo y estoy totalmente de acuerdo. Pero recuerda esto claramente: "algo siempre es mejor que nada".

El dinero que ganas vendiendo estas cosas se puede utilizar para financiar algo útil para ti.

¿Dónde vendo esto?

Bueno, puedes simplemente comenzar con tus amigos y familiares, ya que podrían necesitar algo que no necesitas.

O bien, una venta de garaje sería suficiente. Si prefieres vender en línea, los siguientes sitios son los más populares para vender artículos usados.

1. www.ebay.com

2. www.amazon.com

3. www.craigslist.org

4. www.gumtree.com

5. www.etsy.com

Incluso puedes usar una combinación de todos estos modos. No hay una regla dura y rápida, lo que sea que funcione para ti está bien. Pero asegúrate de usar un modo donde puedas vender estas cosas para la oferta más alta en el período de tiempo más corto.

Además, los sitios de redes sociales como Facebook, Twitter, Instagram, Pinterest son herramientas poderosas para atraer a un público o clientes que estarían interesados en comprar tus cosas y ayudarte a estar libre de problemas en muy poco tiempo.

Otra idea brillante es crear un blog a través de Wordpress.com o Blogger.com escribiendo historias y narrativas para hacer que tus anuncios sean más atractivos mediante el uso de imágenes y artes gráficas. No solo vas a ganar dinero y beneficios extra, sino que también te divertirás dejando fluir tu creatividad a través de la construcción de estas herramientas web que podrían usarse de manera temporal o permanente o, lo más probable, cada vez que desees vender más cosas en el futuro. Todos estos también podrían ser multifuncionales si en caso de que a un amigo le encantara organizar, también podría ganar permitiéndole publicar sus artículos personales o domésticos a través de tus sitios y ayudarlos a vivir una vida organizada.

Si bien algunas de tus cosas pueden clasificarse como "utilizadas o de segunda mano" y aún puede valer la pena venderlas, todas las demás cosas que las personas no comprarían podrían venderse realmente en la tienda de productos no deseados. Por lo tanto, el dinero está hecho de tus cosas adicionales, ya que lo que es basura para ti, en realidad es un tesoro para los demás.

Directriz 3 - Tomar medidas

Hay un viejo refrán que dice que "un plan sin acción es un sueño desperdiciado". Este principio es cierto para todo en la vida. Personalmente cometí este error en muchas cosas en mi vida y Organizar ha sido uno de ellos.

Las dos pautas anteriores que te mostré son pautas para tener la mentalidad correcta para comenzar, continuar y finalizar este ejercicio, pero esta guía es lo que la hace diferente y única, con el objetivo final de lograr el plan para ORGANIZAR.

Es posible que hayas intentado Organizar anteriormente o esta puede ser la primera vez que intentas practicarlo, pero sea cual sea la situación, tal vez haya algo simple a tener en cuenta. Debes asignar una hora específica del día para organizar y debes ordenar durante ese tiempo. Si te explico un poco más, lo que debes hacer durante ese tiempo es deshacerte de diez elementos que no necesitas en el área asignada de tu casa.

Puedes tener la duda de que no tienes diez elementos para deshacerse en ese lugar. Por ejemplo, si comenzaste con tu dormitorio, revisa todos los ítems a fondo, uno por uno, tratando de encontrar 10 elementos de los que debes deshacerte. Si no encontraste 10 elementos de los que debas deshacerte después de haberlo repasado bien, está bien, pero recuerda que si lo pasaste por alto y no encontraste 10 elementos, entonces el ejercicio no tiene sentido, simplemente porque el desorden de los elementos que tienes perdidos aún permanecerá en tu habitación.

La otra cara de la moneda no es gastar 30 minutos. Entiendo que tiene muchos compromisos y está presionado por el tiempo. Eso es natural. Todos nosotros tenemos ese problema. Pero eso se puede compensar gastando dos espacios de tiempo de 15 minutos o tres espacios de 10 minutos durante el día. Incluso puedes dividir esto en dos días con solo 15 minutos por día. De cualquier manera, asegúrate de pasar 30 minutos en un área. Puedes pensar que es demasiado tiempo para gastar. Pero hay una gran razón detrás de esto; la razón más simple es que tendrás que atravesar las cosas duramente. Tener el compromiso de hacer esto durante unos pocos minutos todos los días y completar lo mismo no parece ser tan pesado. Organizar puede ser divertido y productivo una vez que hayas decidido hacerlo.

Imagina esto por un momento, si tienes un archivador con un gran conjunto de archivos que contienen documentos antiguos que no necesitas, puedes suponer que son prácticamente inútiles y puedes simplemente tirarlos, pero en un caso en que algo de mala suerte contenía un documento importante del que te deshacías, entonces no hay forma de que podamos recuperarlo. Esa es la dura verdad que tenemos que enfrentar. Este es un ejercicio de limpieza que tenemos que hacer con gran cuidado.

Se ha dicho que este es un período de tiempo promedio decidido después de hacer este ejercicio muchas veces. Si no tienes tantas cosas y has pasado por un área, entonces eres completamente libre para pasar al otro. Vivir con rigor es la regla principal del juego de Organizar.

La clave aquí es dar un paso a la vez, puedes tener tu propio ritmo al realizar todo esto dependiendo de tu horario disponible. Entonces no rompas el impulso. Continúa el hábito de organizar durante unos minutos todos los días. Este libro trata de ayudarte a producir resultados con la inspiración para hacer que el aspecto de organizar sea más un pasatiempo que un trabajo para realizar.

Directriz 4 - Organizar

Esto hará que el proceso sea extremadamente fácil y extremadamente limpio.

Haz cinco pilas de la siguiente manera:

1. Basura

2. Vender

3. Donar

4. Inseguro

5. Mantener

Es una tarea simple y básica usar dos intervalos de tiempo de 15 minutos o tres espacios de 10 minutos dentro del día o esa otra opción para dividir esto en dos días con solo 15 minutos por día, ubicando elementos que irían a cualquiera de las cinco pilas. Durante un día, podrías buscar 10 artículos para tirar, 10 artículos para donar o 10 artículos para vender. Esta es una manera muy divertida y fácil de organizar de inmediato al menos 30 artículos en su casa. O haz esto como un desafío para otros miembros de la familia para que también puedan participar en tu proceso de organizar.

1. Basura

Estos son, literalmente, todos los elementos inútiles que tienes en tu hogar u oficina.

Algunos ejemplos de estos son recibos antiguos, papel de desecho, juguetes viejos, ropa desgastada, muebles oxidados o artículos para el hogar, artesanías inutilizables, envoltorios viejos, etc.

Todos estos deben ir al basurero sin ninguna piedad.

Al hacer esto, encontrarás algunas cosas que guardarás como Recuerdos, por ejemplo, un envoltorio de un chocolate que tuvo con un amigo cercano. Si es así, ponlos todos juntos y transfiérelos a la pila de mantener. Pero recuerda esto: si estás haciendo esto para alrededor de 100 envoltorios u otros Recuerdos como este, realmente necesitas replantearte. De lo contrario, todo el proceso será en vano.

Mientras tanto, cuando comenzamos con nuestro proyecto de organización, mientras estés recolectando y antes de verter, una de nuestras técnicas más simples es que puedes agarrar o usar una bolsa de plástico grande o una caja de basura para organizar todo lo que consideras basura y coloca esto en un lugar de la casa donde se pueda ver fácilmente y al alcance de tus manos junto con las otras cuatro pilas antes de tirar o vender. Si bien gran parte de lo que vas a recolectar es basura, estos recipientes también podrían usarse como bolsa para la buena voluntad o incluso para regalar después.

2. Vender

Estos son artículos que no son más útiles para ti, pero serán útiles para otra persona y pueden venderse por un valor razonable de segunda mano.

Como ejemplo, podríamos tomar libros para niños o libros para adolescentes que ya no lees, pero a otra persona de esa edad o con hermanos en esa edad le interesarán. Otros artículos que se pueden vender en las ventas de garaje son ropa, agendas o cuadernos planificadores con suficiente espacio para escribir, juguetes, artículos para el hogar, muebles que podrías volver a pintar más tarde, materiales de artesanía que has mantenido durante tanto tiempo y que no has usado, sillas, mesas y artilugios como teléfonos celulares, televisión o reproductor de DVD.

Nunca te quedarás sin cosas interesantes para vender que otras personas encontrarían atractivas. Algunas personas almacenan artículos coleccionables y artesanías de época. Si tienes algo de esto, venderás grandes cantidades de dinero en el mercado o incluso en la red. ¡Tu desorden es el tesoro de otra persona!

3. Donar

Estos son artículos que deseas regalar de forma gratuita o, en otras palabras, a obras de caridad. Pero recuerda que deben ser cosas que alguien pueda usar. Si no lo haces, es como tirar tu basura en el jardín de otra persona. Si los artículos no superan la prueba de donación al estar en una condición útil, muévelos a la pila de basura.

No necesariamente tienes que vender y donar, o es tu elección. Si el dinero es más esencial, vender es la acción a tomar y viceversa. Pero un punto a tener en cuenta es que siempre es mejor para alguien hacer uso de estos elementos si son más valiosos que simplemente ir a la pila de basura.

Puedes probar la idea de Colleen Madsen en 365 Less Things, donde ella regala un artículo por día. Este es un método fabuloso y brillante de organización y en los últimos años, ha reducido sus cosas e incluso ha hecho felices a otras personas donando cosas geniales en lugar de arrojarlas a la basura e incluso ha hecho nuevos amigos en el camino. ¡Nada es mejor que un donador alegre!

Cuando tu caja de "Donar" se llene, sella y cierra inmediatamente y colócala en tu automóvil para que la próxima vez que salgas de la casa, puedas donar lo mismo a tus tiendas de segunda mano locales. Siempre ten en cuenta que te estás deshaciendo del desorden y no lo estás trasladando a otra parte de la casa. ¡Esto definitivamente derrotará nuestro propósito de organizar! ¡Deshazte de eso! Entonces, después de haber llenado una caja, ve a buscar otra y continúa organizando.

4. Inseguro

Esta pila será una pila grande cuando haces esto por primera vez; tendrás muchos artículos que no estarás seguro de guardar o regalar o tirar. Pero no te alarmes por esto. Mantén esos artículos en este montón por un período temporal de no más de tres meses. Mientras mantienes este medidor de pila, ponlos en las pilas correspondientes de acuerdo con esto. Después de tres meses, límpialos de una vez por todas. Asegúrate de guardarlos en una caja, no quieres que se mezclen con los otros artículos.

Coloca una etiqueta en la caja y anota en tu cuaderno el contenido de la caja para que te sea más fácil revisarlo y recordarlo también. Tampoco olvidarás que todavía existe una caja como esta, por lo que podrías deshacerte del desorden adicional dentro de ella.

5. Mantener

Estos son los únicos elementos que te quedarán. Todos los artículos en las pilas de arriba van a salir de tu casa.

Por lo tanto, reúne todos estos elementos con cuidado y precaución, porque no deseas regalar o desechar lo que realmente necesitas.

Otro punto extremadamente importante para recordar es que a veces surge un problema cuando, después de organizar por horas o días, todos los artículos vuelven simplemente porque continuamos comprando más cosas del mercado. Por lo tanto, mientras estás organizando, haz todo lo posible para combatir el impulso de comprar y acumular artículos que no son necesarios en primer lugar. Tómate un minuto para crear una lista de 15 días o 90 días en caso de que cada vez que quieras comprar algo nuevo y no necesario, lo pongas en esa lista. Crea una regla de que nunca comprarás nada que no sea de importancia primaria. La lista puede tener un doble propósito, uno que es esencial y otro que no. No solo te salvarás del desorden adicional sino que también te ahorrarás dinero y efectivo extra.

Aquí hay una lista de artículos que podrías conservar y cómo:

5.1 Decide la ropa que te gustaría usar: mientras te preparas para tu trabajo o tu día de trabajo, visita tu armario mientras buscas algo para ponerte y pasa unos minutos quitándote la ropa que no has usado por meses. Haz esto de manera religiosa y consistente con tus cajones y armarios hasta que solo lo que usas sea lo que está dentro de tu perchero.

5.2 Limpia tus botiquines: revisa tus cajas de primeros auxilios o gabinetes en busca de pastillas y vendajes, revisa lo que está desactualizado o caducado y cosas que sabes que nunca volverás a usar, como vendajes, cremas y ungüentos viejos y desgastados de que eres alérgico y conserva solo lo esencial.

5.3 Ordena y organiza tus cajones y gabinetes: Toma el cajón y vierte su contenido sobre la mesa. Luego segrega los contenidos en 3 divisiones:

a. cosas que deben permanecer en el cajón

b. cosas que deben mantenerse en otra parte

c. cosas para poner en la basura o para la donación.

Vacía y limpia el cajón, vuelve a colocar lo esencial en orden y luego trata con lo que hayas quitado.

Todas estas son solo algunas de las cosas que entran en juego. El cielo es el límite en este proyecto de organización. Podrías pensar de manera original y ser lo más creativo e innovador posible. Estoy aquí para darte ideas, para enseñarte cómo comenzar y el resto depende de ti para organizar.

Directriz 5 - Digitalizar

Algunos artículos no necesitan estar en forma física para que puedas hacer uso de ellos. Se pueden escanear cartas, fotos y documentos. Incluso puedes tomar fotos de ellos.

CD's, DVD's incluso se pueden convertir a formato digital. Puedes usar el almacenamiento en la nube para guardarlos de manera segura donde nunca se perderán y puedas acceder a ellos siempre que lo necesites.

   1. https://drive.google.com

   2. https://onedrive.live.com son excelentes opciones de almacenamiento gratuito en la nube.

Repasa todos los elementos del montón de mantener y la pila insegura para ver lo que puedes digitalizar. Descubrirás que habrá una gran cantidad de artículos que puedes guardar de la pila de basura y conservarlos sin ocupar espacio.

Esto se puede hacer incluso para una biblioteca de libros. Solo se trata de escanear, convertir y organizarlos en una biblioteca electrónica a la que puedas acceder fácilmente en tu PC o Kindle.

Pero si los estás usando como libros de referencia y prefiere usarlos en su formato de copia impresa, entonces debes reconsiderar esto un poco.

Lo principal a tener en cuenta al digitalizar estos elementos es si su propósito puede asegurarse cuando están en ese formato. Si no puedes usarlos mediante la digitalización, será un ejercicio de pérdida de tiempo convertirlos a formato digital.

Se trata de mantenerlos en una forma conveniente y libre de obstáculos para sacar el mejor provecho de ellos.

Recuerda que siempre debes tener una copia de seguridad o copias adicionales de tu archivo. Otra idea inteligente es mantener estas copias electrónicas a través de un disco externo con una gran memoria. Incluso tu colección de películas puede guardarse en formato USB, así que en lugar de tener una pila dispersa de DVD o CD, tienes todo organizado en un almacenamiento interno listo para ver en un solo clic.

No confíes demasiado en el hecho de que una vez que hayas arreglado tu espacio, ya está hecho. No, no lo está. Recuerda que, aunque hayas comenzado un método nuevo, eficiente y lógico para administrar y organizar cosas y artículos salientes e incluso entrantes, ese no es el final. No existe el piloto automático, por lo tanto, debes ser coherente con la limpieza y el mantenimiento regular de tu hogar. Lo mejor, sin embargo, es que ahora tienes una estrategia actualizada para procesar todo tu desorden. Una vez que te familiarices con la organización y la planificación, se convierte en un hobby, una parte de tu sistema que produce resultados positivos en tu vida.

¡¡Empecemos!!

Las pautas que mostré anteriormente ilustraron cómo funciona todo el proceso de Organización y cómo debes hacerlo.

Ahora nos ponemos manos a la obra tomando medidas.

Solo un número limitado de personas tiene una organización de hogar con cajones y armarios que lucen como los que aparecen en los anuncios televisivos. Lo que los medios nos alimentan no siempre es verdad. La verdad sale que la realidad dice lo contrario. He estado en varios hogares y he visto cómo otras personas han reorganizado sus espacios y no se parece a lo que vemos en los anuncios comerciales o en los canales de compra de casas de TV. Aunque todo esto se ve impresionante y deslumbrante, estos espacios son utilizados por los seres humanos y no uno que ha sido diseñado por los vendedores y un equipo de organizadores para los residentes inexistentes. Puede ser bonito, pero la pregunta es, ¿cuán funcionales son estos arreglos? Solo terminarás decepcionado si la perfección es tu enfoque principal.

Nuestro objetivo principal es establecer un hogar que funcione sin problemas con todas tus necesidades, uno que sea real, aplicable y sistemáticamente funcional. Con eso en mente, podríamos continuar con nuestro proyecto de ORGANIZACIÓN y tener una seguridad del 100% de que tendremos mucho éxito en nuestros esfuerzos por adquirir ¡una vida libre de desorden y caos!

¿Cuáles son las áreas de tu casa que deben ser organizadas? Aquí hay una breve lista para verificar de vez en cuando:

- Organiza tu Baño

- Organiza tus Dormitorios

- Organiza tus Armarios

- Organiza tus Computadoras, Oficinas, y Lugares de Trabajo

- Organiza tu Entrada

- Organiza tu Cocina

- Organiza tu Salón

- Organiza tus Papeles y Correos

Plan General del Juego: Consejos 1-19

1. ¿Dónde estás ahora? Toma un portapapeles o un cuaderno legal, o lo que sea, y camina alrededor de tu dominio, señalando qué áreas te ponen nervioso con el desorden o la falta de organización. Toma fotos 'antes'.

2. Ahora, imagina adónde quieres ir. Es:

> **a.** ¿Un hogar que está apenas por debajo de la belleza de la casa modelo, mostrando su obra de arte y estilo en lugar de montones de cosas?

> **b.** ¿El cuartel del ejército minimalista, sin nada que te frene de una vida de aventura llena de acción?

> **c.** ¿Una acogedora residencia familiar con espacio para actividades familiares acogedoras?

> **d.** ¿El refugio tranquilo para recargar de tu agitada vida?

> **e.** ¿Alguna mejora notable sobre el caos actual?

3. Encuentra la visión que te inspira. Por ejemplo, imagínate a ti mismo como un magnate. Tu oficina en casa tiene un escritorio tan grande como Kansas, solo el papel actual en el que está trabajando es visible. ¡El resto está escondido ordenadamente, o está siendo manejado por tu "gente"!

4. Mi visión general favorita es el condominio vacacional bien abastecido; muy bien decorado, las necesidades básicas allí, sin desorden. Me da un trampolín refrescante para mis aventuras de vacaciones, o un lugar libre de distracciones para trabajar en la Gran Novela Estadounidense.

5. ¿No puedes pensar en nada? Escribe diez cosas que te gustaría hacer en tu día laboral y de ocio ideal. ¿Cómo verías tu hogar para apoyar esos días?

6. Revisa los motivadores de organización favoritos. El hecho de que no funcionó por completo, es decir, todavía tienes un poco de desorden, no quiere decir que seas un fracaso. (Ver "Organizar las Culpas" nuevamente).

7. ¿Qué funciona mejor para ti, el incentivo?

a. Incentivo: Es sábado, la casa está en perfecto orden, y tú y las tropas son libres de hacer lo que quieran.

b. Incentivo: Organiza la sala de estar y crea un lugar perfecto para distribuir el valor de $1000 en cromos que acabas de comprar para tu motocicleta (Historia real).

c. Incentivo: Sería delicioso si tu casa funcionara tan suave como la crema...

8. O Castigo

a. Castigo: Encuentras moho creciendo en la habitación de alguien.

b. Castigo: El objeto con el que te rompiste el tobillo ha estado colocado en las escaleras, esperando ser guardado, durante aproximadamente seis meses.

c. Incentivo y Castigo: tu turno para el club del libro en tres semanas. Teóricamente, te aman de verdad por tu brillante discusión literaria. Pero aun así, quieres que la casa se vea perfecta.

10. Enfrenta lo peor primero. De vuelta en tu portapapeles, identifica el área de la casa que más te molesta. Comenzarás con eso; tendrás el impacto positivo más rápido en tu vida diaria. Mamá siempre decía: "¡Prepara la cama, el objeto más grande de la habitación, y estarás listo para atacar el día!"

11. ¿Todavía no estás seguro? Considera:

a. El "sótano" u otro espacio de almacenamiento a largo plazo. Luego hay espacio para poner cosas que has reducido a.

b. Entradas, para evitar estresar a los visitantes o a la familia el mayor tiempo posible.

c. Cocina u oficina en el hogar: donde sea que pases la mayor parte del tiempo.

d. El punto es, ¡solo comienza en algún lado!

12. Programa el tiempo para ordenar y organizar. ¿Crees que no puedes dejar de hacer eso porque estás demasiado ocupado viviendo? Bueno, seamos sinceros. Tienes todo ese lío ahora porque no te tomaste el tiempo antes. Si alguien te ofreció $ 500/hora para organizar, ¡apostaría a que encontrarías tiempo! Sigue recordando esas 5-6 horas a la semana. Eventualmente, alcanzarás el punto de equilibrio...

13. Con el inconveniente que te molesta más, reduce el intervalo entre los tiempos programados, si se abre una ventana de tiempo. Guarda algunos artículos. Pregúntate qué es una cosa pequeña que podrías hacer todos los días para cambiarla. El alivio de manejar la peor área hará que el resto de tu lista parezca fácil de tratar.

14. Obtén ayuda, Primera parte. Resulta que la parte del cerebro que surge con buenas intenciones: "Me estoy deshaciendo del 90% de mi basura" (!) No es la misma parte que hace un plan para hacerlo. Haz una pareja con un amigo y clasifiquen las dos áreas juntos, o simplemente llámalo para asegurarte de que se mantiene en la pista. Los recordatorios nos refrescan nuestra intención.

15. Obtén ayuda, Segunda parte. Contrata a un organizador profesional. ¿No soñarías con infligir tu desorden en tus amigos? Un organizador profesional puede conocer algunos atajos que harían que el proceso sea mucho más rápido y más sencillo. El costo es razonable, y la motivación de tener una cita con alguien, y pagarles dinero tiene un efecto galvanizador en el proceso. ¡Hazlo!

16. Vende artículos caros que ya no aprecias, a través de clasificados gratuitos y tiendas de envío. Aquí es donde un organizador puede ayudar, también. A menudo tienen recursos para vender tus cosas.

17. Podrías tener una venta de garaje, pero no lo hagas en mi cuenta, a menos que tengas un océano de cosas para vender, y la temporada de venta de garaje esté en pleno apogeo o solo dentro de un mes o dos. ¡Esas cosas colocadas en tu casa esperando por meses no es lo que estamos buscando aquí!

18. No temas; recuerda esta verdad tranquilizadora: todos los proyectos de organización básicamente se reducen a tres pasos:

Ordenar, limpiar, organizar lo que queda,

O,

Limpiar, clasificar y organizar.

Si eres bueno para tomar decisiones rápidas, limpia primero. Si no, primero ordena, para ver cuántos de cada artículo tienes realmente. Esto hace que sea un poco más fácil soltar tus camisas blancas de decimotercera a veintidós.

19. Además, el desorden es realmente finito, independientemente de lo grande que parezca la montaña. Simplemente parece imposible porque estás atrapado en primer lugar, con toda esa energía estancada.

Fundamentos de Feng Shui: Consejos 20-22

20. Cada tratado de feng shui conocido por la humanidad recomienda despejar tus espacios. La filosofía del Feng shui (no es una religión, solo para tu información) afirma que siempre estamos interactuando con los objetos que nos rodean. Esto es más o menos lo que dice la física cuántica también, así que ¿qué tal eso? Incluso si no logras más que "despejarte" en tus intentos de feng shui, habrás manejado el problema más grande.

21. Esto explica por qué siempre nos sentimos arrastrados cuando entramos en un espacio desordenado. Esos objetos que se han olvidado, por lo tanto esencialmente inútiles, se unen a usted en un intento de obtener parte de su energía para sí mismos. ¿Realmente dije eso? No, no podría haberlo hecho, pero hay algo raro sobre cómo perdemos nuestro entusiasmo cuando estamos cerca de cosas estancadas. Observa tu reacción la próxima vez en un lugar desordenado, y también cuánto más energizado te sientes en un área tranquila y despejada.

22. El lema moderno del feng shui estadounidense es: "Ámalo o úsalo; de lo contrario, lo perderás". Todo lo que no se aprecia, o se usa regularmente, te satura automáticamente y debe retirarse.

Conceptos Básicos de Organizar: Consejos 23-26

23. Mueve todo fuera del espacio que estás ordenando; ya sea una habitación entera, o simplemente un solo cajón o armario, elimina todos los artículos. Incluso si terminas poniendo muchos de los elementos de regreso, ya que realmente son usados o amados, todavía habrás liberado esa energía atascada. Al considerar cada objeto, te tranquilizas con las cosas que guardas.

24. Si puedes, coloca los artículos guardados en un lugar ligeramente diferente. Solo este pequeño paso refrescará el espacio también.

25. Haz uno de tus objetivos para despejar todas las superficies planas. Los mostradores de cocina estaban destinados a preparar comidas sabrosas, no a almacenar cada trozo de papel que ingrese a tu hogar. Las mesas de comedor son para comidas agradables, no diez años de registros de impuestos y catálogos.

26. El piso es la última superficie plana, y el Feng Shui es bastante firme para mantener el piso libre de almacenamiento estancado, para maximizar su flujo de energía. Piensa: baile, niños y mascotas corriendo, un espacio temporal para diseñar tu equipo de pesca de bagre para la expedición de hoy.

Buenas razones para deshacerte de las cosas: Consejos 27-42

27. Ropa vieja, desactualizada y poco atractiva que de alguna manera se ha encogido en los últimos cinco años: incluso si pierdes algo de ese peso, ¡querrás algo refrescantemente actualizado para ir con tu nueva actitud renovada!

28. Eres tan amable, que te encantaría pasar esos artículos no deseados a alguien que los usará regularmente. Ellos consiguen las cosas y tú obtienes la energía agitada y juguetona. ¡Ganar-ganar!

29. ¡Y! Toda la energía del combustible fósil que se utilizaste para producir esas cosas ahora se canjea, no se descompone en tu estante.

30. Gastaste una fortuna en ese estúpido artilugio, ¿por qué no enviarlo a otra persona? Por lo tanto, pierdes los recordatorios de tus decisiones menos excelentes.

31. Podrías ganar algo de dinero.

32. También arrojarás emociones negativas sobre el pasado y miedo al futuro. A la difunta tía Mabel no le importará que regales su cachivache. Ella se está divirtiendo, ¡y sabe que no la olvidarás! Tampoco serás tan indigente en el futuro como para no poder reemplazar ese elemento uno de cien que estás almacenando "por las dudas".

33. Es la forma más rápida de simplificar tu vida y abrirla a nuevas e increíbles posibilidades.

34. Limpiar es la parte más difícil de organizar para la mayoría de las personas, ya que debemos tomar las decisiones que ya hemos pospuesto. No lo hagas más difícil al castigarte por tu indecisión. Solo sigue diciéndote: "¡He estado ocupado!"

35. ¿Cómo decidir qué enviar a tu próximo hogar? Si una de las razones anteriores no te suena, simplemente sigue preguntándote si cada elemento respalda o elimina la visión que se te ocurrió anteriormente.

36. O, (Castigo, en grande): tu casa está amenazada por un desastre natural, y tienes una hora para sacar lo que más valoras. ¿Qué llevarías contigo y qué se quedaría?

37. Luego está (Incentivo, a lo grande): imagina que ganaste la lotería, y por alguna extraña razón tuviste que quedarte en la misma casa. ¿Conservarías todo lo que tenías ahora, sabiendo que fácilmente podrías permitirte cualquier artículo aleatorio que puedas necesitar en el futuro?

38. Saqué una hoja del libro de mi amiga. Después de un viaje de 6 semanas a Belice, regresó en estado de shock. "Pensé que sabía cómo prescindir (por la forma en que crecí), pero estas personas realmente saben cómo prescindir". No subestimes tu capacidad de improvisación con lo que ya tienes. ¡Es mejor de lo que piensas!

39. Si eres del tipo lógico, date cuenta de que no puedes poner 15 pulgadas de libros en un estante de 12 pulgadas de ancho. Agrupa los libros en cinco y elige tu 1 o 2 menos favoritos de ese grupo para deshacerte de ellos. Con menos dolor, puedes eliminar tus tesoros de menor estatus y reducir la carga de forma metódica.

40. Si te gusta la competencia, ve cuántas bolsas de basura puedes llenar para tirar o donar, en un par de horas, o en comparación con tu compañero de limpieza. (¡Ambos ganan!)

41. Siempre deja tiempo al final de la sesión de organizar para enviar cosas a su siguiente lugar: artículos extraviados a sus habitaciones correctas, bolsas de basura al borde de la acera, donaciones en el automóvil para dejarlas cuanto antes, etc. De lo contrario, tu sensación de logro se esfumará ¡una vez que levantes tu cabeza de tu frenesí de organizar!

42. ¿Demasiado tarde? ¿Ya estás decaído? Tómate un té helado de diez minutos, aléjate del área, vuelva a centrarte en esa visión de "apartamento reducido" o lo que sea que flote tu bote, luego vuelve a entrar y aborda la distribución.

"Limpia el espacio y siente la adrenalina! "

Fundamentos Organizativos: Consejos 43-51

43. Principio de organización: ve vertical donde puedas. Esto reducirá no solo el desorden en tu campo de visión, sino que también ocuparás menos espacio en el piso, escritorio o estantes.

44. Los humanos se sienten atraídos por el orden o la exhibición de lo que es agradable mirar. Se pueden combinar, como un conjunto de platos uniformes almacenados en un gabinete transparente, o un tablero de anuncios repleto de golosinas, obras de arte y caricaturas. En general, errar en el lado de la austeridad a medida que completas tu organización. ¡Probablemente agregarás algunas cosas eventualmente...!

45. Cuando la vida se encuentra en sus etapas extra-agitadas, la simplificación de las posesiones, como mantener las copas a juego en la cocina en lugar de una mezcolanza de diferentes estilos, ayudará a reducir el estrés.

46. Una gran cantidad de organización parece consistir en clasificar las pertenencias que se han mezclado o están fuera de lugar. Solo el simple acto de agrupar elementos similares y guardarlos en un lugar lógico dará una rápida sensación de paz y orden.

47. Usa tu cabeza para decidir dónde guardar los manuales de instrucciones. Es poco probable que con frecuencia necesites buscar cómo usar tu refrigerador, ¿eh? Guarda ese manual en tu sistema de archivo. Sin embargo, si el reproductor de DVD no coopera, la frustración será fuerte e instantánea; crea un pequeño compartimento muy cerca de él para el manual.

48. Lo mismo ocurre cuando se trata de decidir si tener múltiples elementos o solo uno. Te sorprenderá la cantidad de tijeras y un rollo de cinta adhesiva almacenados en tres o cuatro lugares de la casa. Los artículos de limpieza en cada baño reducen la resistencia a esa tarea terrible. Sin embargo, es probable que solo necesites un piano de media cola. ¿Ves lo fácil que es eso?

49. Se realista sobre el espacio de almacenamiento que tienes. ¡Bien por ti si has logrado reducir un cuarto de tu armario! "Sin embargo, si tu armario solo tiene espacio para el 60 por ciento de tu inventario actual, ¡todavía se verá lleno! Tus opciones son: crear más almacenamiento (Trabajar ... eugh!), O, reducir un poco más (mejor).

50. Siempre que sea posible organízate con un panorama para proporcionar áreas dedicadas a explorar tus aficiones. El acceso rápido a una buena configuración aumenta las posibilidades de seguir estos intereses que enriquecen la vida, en lugar de dejarlo como algo nada nuevo, porque es demasiada molestia reunir el equipo correcto y encontrar un lugar.

51. Recorta imágenes de una revista del espacio decorado y organizado de la manera que te gusta. Postéalo prominentemente para ti. Hay pocas cosas más efectivas para ayudar a mantenerte enfocado que ver tu sueño frente a tu cara a menudo.

El Estacionamiento: Consejos
52-57

52. ¿Qué libro de organización comienza con el garaje? ¡Apuesto que te sorprendió! Bueno, este sí, porque para muchos de nosotros, es la entrada familiar a la casa. ¿Qué mejor lugar para comenzar a organizar y desestresarte que el primer lugar que ves cada vez que vuelves a casa? No está fuera de línea pensar en pintar el piso o terminar las paredes. Por supuesto, eso requeriría obtener un montón de cosas primero, ¿no? Hmm ...

53. ¿Necesitas otro motivador? En la mayoría de los hogares, los vehículos son las posesiones más caras. ¿Están almacenados dentro o fuera?

54. Para reducir el desorden visual del garaje al mínimo, guarda todas las herramientas de mango largo, tanto de jardinería y limpieza, como de esquís, etc., de pie en un barril de basura limpio, como la taza del cepillo de dientes en el baño.

55. Si hay un área de taller en el garaje, proporciona una buena iluminación y calor, para que sea atractivo para usar.

56. Se realista con respecto a lo que tu familia realmente juega o usa. Si el personal de mantenimiento suministra todo perfectamente arreglado en el tablero, nunca tocado, pero hay un jardinero activo en la familia, coloca las cosas del personal de mantenimiento en una caja etiquetada o cubo, y cuelga los sombreros del jardinero en su lugar.

57. ¿Acampar, esquiar u otro pasatiempo pesado para tu familia? Dedica un estante grande sin competencia adyacente al vehículo que sueles usar para llevarte allí.

La sala de correo: Consejos 58-67

58. Almacena la sala de correo con tres botes de basura, uno para basura, uno para reciclar y otro para triturar. ¡Asegúrate de que el de reciclado tenga suficiente espacio!

59. Mantén tres buenos contenedores a mano para cuando traigas el correo. Los archivos de revista funcionan bien (parecen cajas de cereal con un corte inclinado por la parte superior y por un lado), o puedes usar cestas cuadradas, cajas de entrada o bolsas sustanciales que se soporten por sí solas. Asegúrate de que sea lo que sea, sea espacioso y resistente.

60. La sala de correo podría ser una pequeña mesa de secretaria junto a la puerta principal, una estación en el lavadero si está al lado del garaje, el escritorio o el armario en la cocina, ¡o incluso en la oficina de tu casa! La clave es: hazla lo suficientemente práctica para ir al segundo que llegues a la casa con el correo. No colocarlo en el mostrador, "por ahora"!

61. El primer contenedor es para los días que te sientes lo suficientemente organizado como para ordenar el correo de inmediato. Recicla todo lo que puedas primero. A continuación, coloca los materiales sensibles al tiempo, como facturas y cheques entrantes. ¡Oye, podría suceder! --en el primer contenedor, y cualquier material que quieras leer/guardar en el segundo. Lleva las cosas para triturar directamente a la trituradora.

62. El tercer contenedor es para los días que simplemente no puedes enfrentar hacer nada de eso, así que olvídalo todo allí. Al menos lo has mantenido ordenado y contenido, en lugar de esparcirlo por todo el mostrador. Resuelve eliminarlo cada 3-4 días, para que no crezca a un volumen abrumador.

63. La próxima etapa para el correo es decidir qué hacer con él. Un pequeño archivador en el escritorio con espacio para unos pocos archivos colgantes cierra la brecha entre "montones" y "fuera de la vista, fuera de la mente". Podrían tener etiquetas como:

a. "Prioridad Alta"

b. "Pendiente," - para boletos de avión, y "esperando información de otra persona"

c. "Archivar"

d. "Para Pagar"

e. "Para Leer"

f. Otros archivos personalizados para tu propio negocio o familia

g. "No sé". Vuelve a estos puntos cuando estés en un estado de ánimo más decisivo.

64. Piénsalo dos veces antes de "Para archivar" - puedes obtener la información nuevamente desde Internet fácilmente; ¿alguna vez lo mirarás de nuevo? ¿Podría ser escaneado?

65. "Para archivar" - Parte 2. Un sistema de archivo fabuloso y súper fácil de utilizar es la clave para no terminar con una pila deprimente de "Para Archivar": si es posible, lo que haya pasado la prueba del n° 64 ¡debería ir de inmediato al archivo!

66. La clave para manejar las categorías de archivos de escritorio es ingresar las acciones en tu sistema de tareas, ya sea en línea o en papel. Se pueden agrupar por categorías, como "Computadora", "Llamadas", "Recados". Poner estrellas por tareas muy importantes y urgentes ayuda a que se haga de manera oportuna.

67. Para reducir la afluencia de correo:

a. Elimina las suscripciones a revistas - lee en línea o en la biblioteca

b. Cuando solicites un artículo en línea, ve si puedes marcar una casilla para evitar que te envíen "ofertas y catálogos"

c. Visita: dmachoice.org (asociación de marketing directo) y haz clic en "Correo directo 101" para obtener tu nombre de muchas listas de correo.

Visita: optoutprescreen.com para eliminar ofertas de tarjetas de crédito ya sea por cinco años o de por vida.

(Ambos sitios deben mostrar "https" en el navegador para mayor seguridad).

Estrategias de Oficina en Casa: Consejos 68-73

68. En primer lugar, y ante todo, asegúrate de que la oficina y su mobiliario/decoración coincida con tu personalidad, no la idea de otra persona de cómo deberían verse las oficinas. Puedes, o puedes querer, pasar mucho tiempo allí, por lo que personalizarlo para tu estilo de trabajo hará que el tiempo sea mucho más agradable y eficiente.

69. Detén la decoración de la oficina a solo algunas cosas, inspiradas en el Feng Shui o de otra manera, ¡y definitivamente algo que te haga reír! Puede parecer austero, pero serás mucho más productivo, relajado y menos distraído. Piensa, "¡Magnate!"

70. Obtén todo lo que usas a diario en tu oficina al alcance de la mano. Mueve los manuales que rara vez se utilizan u otra información a una sala diferente, para que puedas concentrarte en tus proyectos más novedosos sin ningún peso muerto.

71. Haz que tu sistema de archivo sea lo más simple posible pero funcional, y además, refleje tu estilo. Puedes sentirte más cómodo dividiendo todos tus manuales de usuario por marca, por ejemplo, o prefiriendo incluirlos en un solo archivo. Tú decides.

72. Del mismo modo, considera codificar por colores tus archivos. Es una herramienta muy poderosa, si conservas las cosas lo suficientemente simples como para mantenerlas, ya sea amarillo para la familia, azul para "Cuidar el negocio" (seguro, etc.), rojo para las facturas, o lo que sea.

73. Después de probar todos los métodos de archivo, Yo terminé con un archivo para "cosas divertidas" - "Restaurantes para probar", "Escritura para niños", etc., y otro para CDN (Cuidar de los negocios). Cada uno de ellos está alfabetizado, pero los colores son un arcoíris con esteroides. Descubrí que me molestaba tener la carpeta "Seguro de salud" mezclándose con el archivo "Casa, Sueño", por lo que ahora están separados.

La Cocina: Consejos 74-80

74. De todas las habitaciones que son importantes mantener organizadas y limpias, la cocina está justo en la parte superior. La comida servida desde una cocina desordenada y sucia es poco apetecible, además de mantenerla limpia desalienta a las plagas de la variedad no humana.

75. No importa cómo pueda parecer el TOC, mantener las especias en orden alfabético ahorra un montón de tiempo, sin mencionar que tardíamente tienes cinco frascos de curry en polvo, cuando uno a la vez es todo lo que necesitas.

76. Si te gusta tener ayuda en la cocina, configúrala con un ojo para mayor comodidad, incluso hasta el punto de tener cuchillos adicionales y tablas de cortar en un segundo lugar para que un recluta corte verduras para ti.

77. Si prefieres hacerlo todo tú mismo, configúrala con una lógica inescrutable, solo podrás discernir e invitar a los huéspedes a relajarse en un sillón cercano (tengo uno en mi cocina, aunque me gusta la asistencia. Bueno, en realidad, prefiero sentarme en el sillón y dejar que alguien más cocine...)

78. Revisa todos los artilugios, cacerolas y aparatos personalizados que tengas y pregúntate si su función podría duplicarse fácilmente utilizando algún elemento más simple que ya figura en la lista "A" de tu cocina. Intenta empaquetarlo en un lugar menos prominente, pero no imposible, de seis a doce meses. Si realmente no lo has echado de menos, entonces...

79. Tiendo a favor de simplificar la vista en la cocina tanto como sea posible. Por lo tanto, me mantendría alejada del concepto de gabinete de plato con frontal de vidrio (¡a menos que tenga estantes de vidrio y retroiluminación traslúcida!) Pero debes complacerte en ese punto.

80. La mayoría de las personas agrupan de forma natural los artículos para hornear, almacenar alimentos, tomar bebidas o bocadillos en sus propios "departamentos". ¿Alguna vez pensaste en empacar todos los pequeños paquetes que obtienes con comida para llevar: mayonesa, ketchup, sal y pimienta, cubiertos de plástico, y agregarlos al departamento de picnic? ¿Quién sabe? ¡Podrían agotarse!

El Dormitorio: Consejos 81-87

81. Lo has escuchado antes, pero vale la pena repetirlo. La habitación es para descansar y relajarse, un retiro de tu agitada vida. Resiste la tentación de llenarlo con minioficinas hogareñas, televisores, bibliotecas, bares, etc. La habitación es el mejor lugar de la casa para hacerlo simple.

82. Por desgracia, el feng shui te dirá que mantener las cosas almacenadas debajo de la cama interfiere con tu sueño reparador y vida amorosa. Si debes usar esa área práctica para el almacenamiento, trata de mantenerla muy discreta y calmante, como mantas y ropa de cama extra.

83. En Europa, es común vestir una cama en una sábana bajera, almohadas y un edredón, nada más. Es increíble lo fácil que es preparar la cama por la mañana, y la funda del edredón se puede lavar periódicamente.

84. El código de colores de tu ropa hace que sea fácil ver cuántos de cada prenda de color tienes, por lo que quizás sea más fácil soltar algunos de los tonos sobrerrepresentados.

a. Algunas personas codifican con color agrupando todos los elementos de un mismo color, es más fácil poner conjuntos coordinados juntos a toda prisa.

b. Otros los agrupan en categorías generales, como camisas de manga larga, camisas de manga corta, pantalones, chaquetas, etc., y luego alinean cada categoría en orden de arcoíris.

85. Un gran ahorro de tiempo, especialmente si no tiendes a ensuciar tu ropa en el transcurso de tu día, es tener un inventario sustancial de calcetines y ropa interior. Lo creas o no, a veces es humanamente posible airear tus prendas exteriores y colgarlas de nuevo. No creerás cuánto tiempo puedes posponer el día de lavado haciendo esto. (Muy bueno para el medio ambiente)

86. Si hay espacio, ten un canasto para los colores y uno para los blancos, o alguna otra división que tenga sentido para ti.

87. ¿Has oído alguna vez este consejo para empacar para un viaje? Empaca un atuendo para cada actividad anticipada, luego pon la mitad de vuelta, y generalmente terminarás con la cantidad correcta. ¿Qué pasa si aplicas esa misma filosofía a tu guardarropa?

El Salón –también conocido como El Baño: Consejos 88-92

88. Considera permitir que cada persona de la familia tenga su propio color de toallas de baño, paños para lavarse, etc. Además, cada miembro mayor de ocho años puede aprender a lavar su propia ropa. Esto no solo enseña una valiosa habilidad para la vida, sino que también ahorra docenas de horas al año.

89. No soy una gran fanática de un montón de botellas de productos escondidas en cualquier lugar y en todo el salón. Intenta limitarte solo a aquellos con ingredientes no tóxicos. Esto reducirá tus opciones a un número asombrosamente pequeño, y le hará un gran favor a tu salud. ¿Sabías que tu piel absorbe más toxinas de su entorno que el resto de tu cuerpo?

90. Al igual que en cualquier otro lugar de la casa, un exceso de cosas esparcidas por el baño ralentiza a la gente cuando entran, lo que fomenta una gran cantidad de distracciones en una habitación que, aunque es tremendamente importante, no es el lugar ideal para pasar horas allí. ...

91. Un par de cestas en el mostrador pueden guardar un montón de artículos pequeños y diversos, además de ser decorativos. Un pequeño ramo de flores de seda o una vela o una pintura ayuda a transmitir el ambiente de condominio de spa/vacaciones, recordándonos que tenemos aventuras divertidas para volver.

92. ¿No hay algo sobre un lavabo de baño limpio que compensa muchos otros errores de desorden en el salón? Mantén una esponja o toallita a mano para limpiar el fregadero y el grifo todos los días. Toma 30 segundos y rinde grandes dividendos en medio del caos.

Mantenimiento: Consejos 93-99

93. La tendencia arraigada a saturar superficies planas es una fiera, así que prepárate para actuar con resolución de resistir.

94. Haz lo que puedas para que la restauración de los pedidos sea divertida o, al menos, altamente motivada. Dejar el televisor apagado los sábados por la mañana hasta que las habitaciones de los niños estén arregladas garantizará que se realice en un tiempo récord; ya sea eso o se perderán una mañana entera de dibujos animados, que no es realmente tan malo.

95. Haz de ti mismo tu propia competencia para ver si puedes guardar 75 elementos en, digamos, quince minutos.

96. Puede que tengas que ser amable, pero firme con los amigos que intentan darte sus artículos no deseados para calmar su propia culpabilidad por el asunto. "¡Simplemente no tengo el espacio!" Debería ser tu respuesta siempre preparada. Así es como lo hacen los profesionales ordenados.

97. Recuerda tomar fotos de tu espacio una vez que lo tengas ordenado y organizado y compáralos con los que tomaste cuando comenzaste. Date una palmadita en la espalda por un logro increíble, y a menudo ¡difícil! Además, publícalas para recordarte tu ideal e inspírate a restaurarlas, si es necesario...

98. Es inevitable, en el bullicio de la vida diaria, que las cosas comiencen a acumularse nuevamente. Haz un pacto contigo mismo para mantener implacablemente al menos un par de áreas, como la cocina y el armario principal, ordenadas. Luego, al menos cada 3-4 días toma de media hora a una hora restaurar el orden en las otras partes de la casa, para que no se te escape de nuevo.

99. Sobre todo, vive el presente en lugar del pasado (Demasiados recuerdos te mantienen anclado allí) o el futuro ("Quizás lo necesite algún día"). La energía que liberas viviendo hoy te ayudará a tener más éxito en cada área de tu vida y ¡te inspira a vivir lo mejor de tu vida!

Plan del Juego Parte II: Consejo 100

100. Toma 3 de esas presuntas seis horas a la semana que pasamos buscando objetos perdidos y utilízalas para obtener gradualmente la forma de tu nave. Luego toma las otras 3 horas para una salida divertida o una sesión con tu pasatiempo favorito. Por lo tanto, modelas para ti mismo disminuyendo el tiempo de un proyecto, Y, usando el tiempo liberado para seguir tus pasiones.

Gracias por leer. ¡Diviértete ordenando y organizando lo mejor de tu vida!

Día 1

Primero, toma una libreta para anotar los artículos que tienes. Esto hará que todo el ejercicio sea extremadamente fácil. Elije un lugar para comenzar. Puedes elegir cualquier área de tu casa. Solo asegúrate de comenzar con un área con la que te sientas cómodo. No empieces con un área difícil porque te quedarás atrapado durante el proceso y querrás renunciar o posponer las cosas, no estoy tratando de desmotivarte, pero es natural ¡Yo he estado allí!

Te recomiendo que crees una lista de lugares o localidades en tu hogar para eliminarlos empezando por los más fáciles. Ahora cuando hayas terminado con un área, entonces DETÉNTE. Tú tienes la opción de hacer que tu lista sea tan fácil o difícil como desees que se haga dependiendo de los lugares de tu hogar que estés incluyendo en tu lista (por ejemplo, habitaciones/armarios/cajones/gabinetes). Tu horario específico para trabajar en este plan también puede incluirse en esta lista.

Digamos, por ejemplo, que comenzaste con tu dormitorio, ahora para hacer las cosas más fáciles y organizadas comenzaremos con una esquina de tu dormitorio. Vamos de un extremo al otro. Digamos que comenzaste desde la esquina superior izquierda de tu dormitorio. Ve desde la esquina superior izquierda hasta la esquina superior derecha, luego de derecha a izquierda. Te enfrentarás a la habitación en zigzag.

Debes asegurarte de abrir todos los armarios, cajones y contenedores. Ahora, antes de abrir una imagen del armario, debes tener lo que necesitas dentro, como mencioné en la directriz de visualización. Digamos, por ejemplo, que comienzas con un armario de ropa en tu dormitorio. Ahora, antes de abrirlo, imagina qué debería haber allí. Digamos, por ejemplo, que los siguientes elementos deberían estar allí,

¡Consejo! - Si te resulta difícil imaginarlo al principio para formar el artículo más caro al artículo menos costoso, puede hacerlo al revés. Todo lo que funcione para ti está bien.

Yo iré del artículo más caro al artículo menos costoso y

* Recuerda que la siguiente lista es solo un ejemplo. Tu lista podría continuar para cualquier cantidad de artículos que desees; no hay barrera para eso.

1. Traje Formal - 1

2. Chaquetas - 2

3. Pantalones (oficina) - 3

4. Camisas (oficina) - 3

5. Pantalones (casual) - 4 / Jeans - 4

6. Camisas (casuales) - 4 / Camisetas (casuales) - 4

7. Cinturón- 1

8. Corbata - 1

9. Calcetines – 4 pares

10. Zapatos – 2 pares

Ahora toma el cuaderno que mencioné antes y divide la página en dos. En el lado izquierdo pon el encabezado como "asumido" y escribe todos estos elementos. Quizás te preguntes por qué estoy haciendo esto como un recuento de inventario de una empresa. Bueno, es simple, esto ejará toda la carga del ejercicio organizativo en la libreta y no en tu cerebro. Por lo tanto, no tendrás que preocuparte demasiado por ello.

Ahora puedes ver que hemos imaginado y anotado 10 elementos.

Abre el armario. Y pon el título en el lado derecho como "real". Revisa todos los artículos de ropa y anótalos. No es necesario que escribas todos y cada uno de los elementos de los artículos que están en pares. Por ejemplo, si tienes tres pares de calcetines, no es necesario que escribas como par 1, par 2 y par 3. Si solo escribe 3 pares de calcetines, eso es más que suficiente y te ahorrará mucho tiempo.

Solo necesitas descubrir lo que tienes exactamente. Después de revisar todos los artículos en el armario de ropa, tendrás la lista de "asumido" en el lado izquierdo y la "real" en el lado derecho. Ahora bien, si ambas listas en los lados izquierdo y derecho son iguales, el armario no necesita ser organizado, tan simple como eso. Pero lamentablemente, la probabilidad de que eso ocurra es muy baja. La mayoría de las veces encontrarás una diferencia considerable.

Recuerda las 5 pilas:

1. Basura- B

2. Vender - V

3. Donar - D

4. Incierto - I

5. Mantener - M

Para abreviar, he dado una letra frente a cada pila, vamos a usarlas.

No necesitas tener tanto pilas de vender como donar, puedes tener la que prefieras, como mencioné anteriormente.

Puedes comenzar considerando todos los elementos en la pila de asumir como los que caen en la categoría de mantener. Pero si estás teniendo dudas, pasa por la lista de suposiciones, pero comenzaré con la lista real para ilustrar cómo se hace.

Revisa la lista en 5 etapas y obtén la ayuda de la lista "asumir" para decidir qué elementos debe conservar.

Nivel 1- Continúa con el objetivo de encontrar y marcar "B" para los elementos que deseas "Botar".

Nivel 2 - Continúa con el objetivo de encontrar y marcar "V" para los elementos que deseas "Vender".

Nivel 3 - Continúa con el objetivo de encontrar y marcar "D" para los elementos que deseas "Donar".

Nivel 4 - Continúe con el objetivo de encontrar y marcar "I" para los artículos que estás "inseguro" de qué hacer.

Nivel 5 - Continúa con el objetivo de encontrar y marcar "M" para los elementos que deseas "Mantener".

Recuerda todas las cosas que expliqué antes, no tienes ningún prejuicio cuando haces esto; si lo haces, todo este ejercicio perderá sentido.

Una vez que hayas terminado, no necesitas la lista de suposiciones. Tú sabes qué hacer con cada artículo.

Todos los artículos con M en frente de ellos deben permanecer dentro del armario de ropa.

Además de eso apila todos los elementos que tienen B, V, D y I por separado. Incluso puedes ponerlos en cajas si es fácil para ti. Asegúrate de que no vuelvan a mezclarse.

Continúa haciéndolo para las otras áreas de tu dormitorio de izquierda a derecha durante el resto de los 30 minutos.

Ahora te quedan las pilas B, V, D, e I. Lo que debes hacer inmediatamente es destruir todos los artículos en la pila de B.

Las pilas V (Vender) y D (Donar) salen de tu habitación. Encuentra una ubicación en tu casa para mantenerlos durante un período de tiempo temporal. Trátalos como invitados que se irán dentro de unas semanas y la habitación en la que se alojan es tu habitación de invitados. Mantén la pila insegura en la esquina de tu habitación.

Aprovecha tu imaginación para ayudar a eliminar objetos que te resulten difíciles de eliminar. Haz consultas únicas como "Si quisiera comprar esto, ¿cuánto tengo que pagar?". Estas son técnicas adicionales que proporcionarán asistencia cuando se trata de eliminar el desorden.

Estamos prácticamente agotados por el día. Y si quieres tomarte un día entero y completar este ejercicio de una sola vez, no hay problema, pero asegúrate de tomar un descanso después de hacer esto, incluso durante una hora, porque estás pensando todo el tiempo durante este ejercicio y mentalmente cansará y durante la última parte, te resultará difícil concentrarte en lo que estás haciendo.

Día 2

Repitamos los mismos pasos hasta destruir la pila B y mover las pilas V y D a su ubicación.

Luego toma la pila insegura del día anterior y revísala y ve si encuentras algún artículo que deba ser botado, vendido, donado o guardado. Si es así, muévelos a la pila correspondiente en la que deberían estar.

Establecer nuestro objetivo en el minimalismo requiere las técnicas anteriores para eliminar ciertas áreas en el hogar. Personalmente he probado estos métodos y todo funcionó para mí, mi familia y mis amigos, y espero que sea lo mismo para ti. Como tenía planeado organizar, usé cinco cajas: basura, vender, donar, insegura y conservar. No se dejó ningún artículo, cada uno se consideró diligente y cuidadosamente. Algunos proyectos tomaron horas, algunos días y otros, semanas. Sin embargo, el estilo y el principio se mantuvieron similares.

Aquí está el punto de la cuestión, no importa qué estilo o método de técnica elijas para ayudarte a empezar, el objetivo primero y más importante es dar suaves y primeros pasos con iniciativa y entusiasmo. Te prometo que hay un soplo de aire fresco detrás de cada desorden y la libertad de disfrutar de mayor espacio y más ganancias. Es tu elección y decisión cómo despejarlo todo.

Día 3

Ahora que has hecho este ejercicio durante 2 días y puedes ver que se está produciendo un cambio en las áreas de tu casa, ya has hecho esto.

Esto se puede redondear a tres cosas:

1. El desorden en tu habitación está empezando a desaparecer.

2. Tienes una pila creciente de artículos que puedes vender o donar.

3. La pila insegura en el área relevante está aumentando (pero, si estás transfiriendo elementos a las pilas B, V y D, entonces esta disminuirá o permanecerá estática).

Si los cambios mencionados están sucediendo, estás en la pista correcta y debes proceder con consistencia y deleite.

Hay niveles en organizar. Puede ser que tu casa ya esté ordenada, pero siempre habrá cierta área que ha sido sobrecargada de elementos no esenciales, como un viejo desorden de papel que debe desecharse o tu botiquín que no ha sido limpiado de píldoras y ungüentos vencidos durante más de un año y tiene que ser arreglado.

Esta guía se adaptará a ti en cualquier nivel de limpieza en el que te encuentres. Esta guía es aplicable a cualquier tipo de desorden y desarreglo que tengas en tu hogar, ya sea que haya una pequeña cantidad de desorden o el tipo de desbordamiento de un ciclón de desastre.

Día 4

Continúa con el mismo ejercicio como lo usual y supongamos que ya has terminado el proceso de organización para tu habitación y has vuelto a visitar la pila insegura.

Ahora lo que debes hacer es enfocarte en las pilas V (Vender) y D (Donar). Debes contactar a tus amigos y familiares, publicar estos artículos en sitios web de venta de garaje, como

1. www.ebay.com

2. www.amazon.com

3. www.craigslist.org

4. www.gumtree.com

5. www.etsy.com

Para los artículos que necesitas donar, puedes contactar a algunos de tus amigos o familiares que podrían usarlos o puedes dárselos a tu iglesia o a cualquier organización caritativa cercana que los dirija a personas que puedan hacer uso de ellos.

Es posible que puedas encontrar personas o lugares para vender, donar estos artículos el mismo día, pero en general, tomará unos días o incluso un mes vender o donar estos artículos. Pero ya no estarán abarrotando tu habitación.

Ten en cuenta que debes completar cada tarea al 100%. Después de ordenar las cosas por categoría, la parte crucial es dejarlo ir. Nunca más pienses en guardar cajas para caridad y amigos para entregarlas "más tarde". La clave para la limpieza es "¡Hazlo ahora!". Completa el proceso, lleva los plásticos o cajas a la basura o para reciclar lo antes posible. Ahora, si planeas donar o regalar elementos, colócalos de inmediato en tu camioneta o has una cita para dejarlos. Ya separaste los artículos, los has empaquetado para su eliminación, así que mejor completa todo el negocio.

* Recuerda que a veces no puedes obtener el precio que esperabas por los artículos que estás haciendo un esfuerzo por vender. Entonces te quedan tres opciones:

1. Venderlos al precio que recibas.

2. Si nadie quiere comprarlos, donarlos.

3. Si no puedes encontrar una persona o un lugar para incluso donarlos, lo cual es muy raro, envíalos a la pila de basura.

¡Nunca pienses en la opción de conservarlos, "eso definitivamente desordenará tu habitación, y te llevará de vuelta a la casilla 1!". Estos artículos deben, de alguna manera, salir de tu casa dentro de uno o dos meses. Por favor, no me malinterpretes mi ser asertivo, pero mi responsabilidad es darte una guía fuerte y hacer que este ejercicio sea productivo.

Por favor, no pospongas hacer esto, porque esto generará algo de dinero para ti. Algunos tienen la idea preconcebida de que el objetivo de limpieza es liberar espacio y destruir todos los elementos que no necesitas, pero ese es un concepto equivocado y una forma incorrecta de verlo.

Como te dije en la introducción "este es un ejercicio práctico que te beneficiará al eliminar el desorden y generará algo de dinero", se deben lograr los dos objetivos para que esto sea un éxito.

Si solo donas y no deseas vender, entonces te aliento a establecer tus objetivos para eliminar el desorden de tu casa y ayudar a otros.

De cualquier forma, este ejercicio tendrá un significado completo.

Como hemos mencionado anteriormente, otros modos de vender tu desorden son a través de la publicidad en sitios de redes sociales donde miles de personas van, invierten, compran o venden productos nuevos y de segunda mano. Para las cosas que crees que aún beneficiarían a los demás, toma una foto de lo mismo. No es necesario ser un fotógrafo profesional para lograr esto, una imagen simple con luces claras y fondo brillante servirá. Después de hacer esto, publica las imágenes de tus artículos en cualquiera de estos sitios:

1. Facebook

2. Pinterest

3. Twitter

4. Instagram

5. Blogs Personales

Una vez hecho esto, agrega un título con una descripción clara de los productos que estás vendiendo. Si hay imperfecciones o daños leves, también agrégalos a la descripción para mostrar a los compradores que tú eres de buena fe y que tienes integridad con tus palabras y seguramente te comprarán la segunda o incluso la tercera vez. No te olvides de poner el precio. Si estás dispuesto a regatear, indica que el artículo es "negociable", de modo que el comprador o cliente pueda descubrir que es fácil comunicarse contigo y esto te dará ventaja a medida que vendes tus artículos. Tus compradores te verán como accesible y fácil de tratar, y seguirán acudiendo a ti para más artículos por comprar y conservar.

Repitiendo los mismos pasos

Ahora puedes ver que hemos limpiado un área de tu casa en cuatro días y hemos hecho lo siguiente sin parcialidad a todos los artículos en esa área:

1. Claramente clasifica qué elementos son útiles para nosotros y qué vamos a conservar y los guardamos.

2. Clasifica claramente qué artículos podemos vender y ganar dinero, qué artículos   podemos donar y ayudar a otros (tanto de estos como de uno de ellos) y venderlos y donarlos.

3. Claramente clasificados cuáles son los artículos, necesitamos tiempo para decidir qué hacer y

revisarlos de manera continua hasta que los eliminemos dentro de tres meses.

Ahora puedes pasar a la siguiente área de la casa. Solo hay dos cosas que debes hacer para el área de tu casa que hemos terminado.

1. Debes pasar por la pila insegura en tu área completada una vez por semana y mover cualquier elemento que necesite moverse a otra pila en consecuencia.

2. Debe hacer un seguimiento de los anuncios que colocas para los artículos de venta y venderlos y entregar los artículos donar a las personas a quienes deseas donarlos.

Ahora, vamos a asumir que tienes

3 dormitorios

2 baños

1 sala de estar

1 Comedor

1 cocina

1 garaje

Entonces, si asumimos que demora 4 días en ordenar cada uno, entonces...

3 dormitorios - 4 días x 3 = 12 días

2 baños - 4 días x 2 = 8 días

1 sala de estar - 4 días x 1 = 4 días

1 Comedor - 4 días x 1 = 4 días

1 cocina - 4 días x 1 = 4 días

1 garaje - 4 días x 1 = 4 días

Total = 36 días para ordenar tu hogar y otros 54 días para eliminar el montón inseguro.
Así que, literalmente, tendrás un hogar sin desorden dentro de tres meses. Simple como eso.

Pero recuerda que todas las anteriores son guías promedio. Por ejemplo, si vives en un apartamento, puedes hacerlo en menos de la mitad del tiempo.

Y si quieres tirar basura a las pilas inseguras en la casa el mismo día que terminas de limpiar la última habitación eso depende totalmente de ti. No daré una directriz estricta para esto porque depende totalmente de ti hacer lo que te resulte cómodo. Pero ten en cuenta no comprometer la practicidad y la productividad de este ejercicio.

Ten en cuenta que tampoco deberías ser demasiado duro contigo mismo. No gastes completamente, sino todo el día organizando toda tu casa. Solo unas pocas personas tienen el tiempo, la energía y el enfoque para dedicar de 8 a 10 horas a la reparación, eliminación y organización. Es posible que te sientas frustrado y menos eficiente si trabajas durante diez horas seguidas, la organización. No te sentirás cansado, malgastado o incluso consumido si sigues nuestras pautas sobre la cantidad de minutos u horas que debes dedicar para llevar a cabo tu proyecto de organización. Al hacer esto, te sentirás más animado, inspirado y motivado para seguir adelante.

Este es el objetivo de este libro, para ayudarte a disfrutar de la limpieza de tu hogar y para disminuir la carga de tener que lograr la libertad a través de una perspectiva equilibrada junto con un estilo productivo y técnicas para la eliminación de obstáculos. Estoy aquí para ayudarte y, una vez que hayas visto el éxito de tus esfuerzos, también podrías compartir este artículo con alguien más necesitado.

¡¡Ten cuidado con estos!!

Hasta ahora he ilustrado el método práctico para ordenar tu hogar. He escrito otros libros sobre organización y simplificación de tu vida, que me apasionaron desde hace bastante tiempo y he llegado a pensar que la mayoría de mis lectores comparten mis mismos pensamientos al tener un espacio de trabajo sencillo en la casa o la oficina, pero simplemente no saben dónde empezar.

No solo estoy compartiendo mi corazón con este libro, sino también mi experiencia. Cuando tu casa está llena de tanto desorden y una pila de desastre, se convierte en una tarea abrumadora para eliminar y reorganizar.

Entonces, ¿cómo comenzamos? Aquí está mi consejo simple: *Comienza con 5 minutos.* Pequeños y diminutos pasos te harían un bien mayor más adelante. ¡Que cinco minutos no terminan la mitad de tu desorden, pero seguro que es una excelente manera de empezar! Una vez que hayas comenzado, es hora de celebrar, ya que ha roto el estatus de vivir una vida desordenada. Este es el comienzo de un nuevo y excelente capítulo en tu vida. ¡Sin problemas, libre de desorden!

El próximo día será mucho más fácil, tómate otros 5 minutos mañana, luego al día siguiente y, antes de que te des cuenta, has limpiado tu dormitorio, cocina, área de comedor o incluso la mitad de tu casa. Es como un juego que juegas, solo que esta vez obtendrás resultados sorprendentes y productivos.

Hay algunas cosas a tener en cuenta a medida que avanzas. Todos estos son asuntos muy importantes para discutir, así que concéntrate al 100% en lo siguiente:

1. Parcialidad

Nunca tengas prejuicios cuando decidas que un artículo debe salir de tu casa ya sea a través de la pila de basura, la pila de la venta o la pila de donaciones. Solo aumentará el desorden. Piensa objetivamente en lugar de pensar emocionalmente.

Ahora no malinterpretes esto ya que te estoy ordenando que tires las fotos que tienen los recuerdos más dulces de tu vida. Todas las listas que te he dado son ejemplos puros. Lo que es importante para ti no es lo mismo que lo que es importante para otra persona. Lo único a tener en cuenta es que necesitas hacer tu mejor juicio productivo e imparcial. Memorias y recuerdos, creemos que no pueden ser reemplazados y acompañan ciertos eventos o historias maravillosas de tu vida y las de tu familia. Puedes encontrar una forma de mantener todo esto ya sea digitalizando o colocando cajas asignadas especialmente para las memorias. Simplemente no exageres. Siempre toma nota de que estamos trabajando en organizar y tienes que tachar los elementos innecesarios, cosas que obstruyen tu hogar y lo hacen parecer un desastre.

2. Mantener la consistencia

Este ejercicio en términos generales tomará 30 minutos de tu tiempo durante el primer mes y luego, hasta que eliminemos la pila insegura, te tomará de 10 a 15 minutos de tu tiempo. Sé que tienes compromisos y algunos días no podrás asignar tu tiempo para esto. Eso es inevitable; debes asignar tiempo para estos compromisos. Eso es totalmente comprensible, pero no lo uses como una excusa para posponer las cosas.

3. Utiliza siempre la ayuda de la libreta de notas

Al principio, como mencioné anteriormente, es posible que no sientas la necesidad de esto, pero recuerda que, como dije anteriormente, esto colocaría todo el peso en el libro. Al final del proceso para cada habitación, sabrás lo que tienes y lo que has decidido hacer con ellos o más bien lo que hiciste con ellos durante el proceso. Incluso podrías sorprenderte de lo que tienes en tu casa.

Otro lado de esto es que sabrás dónde gastas innecesariamente en artículos inútiles y necesitas reducir. Esto tendrá un impacto considerable en tus hábitos de gasto y te ayudará a ahorrar dinero que puede gastarse en cosas más importantes.

La libreta sirve como un registro de lo que has logrado durante los últimos días, ORGANIZANDO tu hogar, pasando por una habitación y armario a la vez. Dado que a veces, nuestra memoria nos falla, la libreta será útil en tiempos de necesidad. Esto te ayudará a rastrear tus mejoras y te adherirá al plan de organizar. Para tener una perspectiva más divertida sobre esto, ¿por qué no añadir un toque de creatividad al crear una libreta especialmente para este proyecto? Agrega color y un poco de arte y manualidades para que la escritura no se sienta como una tarea escolar, sino como un pasatiempo que también esperas.

Al Final

Por lo tanto, hemos llegado al final de esta guía para organizar. Espero que tengas claro lo que debe hacer, cómo hacerlo y qué debes vigilar. Esta es una breve guía y la razón por la que no escribí un libro extenso sobre este aspecto es porque quería que este fuera un plan de acción para ti que impactara tu vida de una manera positiva al hacer tu hogar libre de desorden. Mi teoría personal para este o cualquier cambio que vayas a hacer en la vida es que el plan o más bien

"El plan de acción es del 2% y la acción es el 98% del cambio que necesitas hacer"

Esta es la filosofía que sigo en mi vida y esto me ha ayudado inmensamente y también servirá para ti. Otra idea a tener en cuenta es que a veces el problema no se debe únicamente a nosotros, sino a las personas con las que vivimos dentro de nuestros hogares. Un hogar que no está desordenado está organizado y libre del desorden es una muestra clara de ideas compartidas por todas las personas que viven en la misma residencia. Habla con tus compañeros de piso y hazles saber que deseas vivir en un hogar ordenado. Haz esto con mucha gracia y persuasión en lugar de sonar como regaños. Explica a la familia lo divertido y agradable que puede ser el orden y los resultados que efectivamente producirá en la vida.

Otro pensamiento

Esto podría ser algo que ya estás pensando

"¿No se puede usar la organización también para mi vida?"

Bueno, ciertamente puede. Y te beneficiará en mucho más que Limpiar tu hogar porque tu hogar es solo una parte de tu vida.

Tú tienes el control de tomar esa decisión para organizar tan a menudo como desees y necesites. Podrías hacerlo todos los días e incluso podrías usar un temporizador. Sin embargo, este hábito podría convertirse en una fuerza motriz que te lleve a ser compulsivo. Puede ocurrir que una vez que comiences, quieras eliminar todo al mismo tiempo. ¡No! Puedes quemarte trabajando demasiado y yendo más allá de lo que podrías lograr. Todo tiene límites, por lo que solo se debe eliminar una pequeña cantidad por vez. No olvides que tu casa no se ensució y desordenó en una sola instancia, por lo que no puedes limpiarlo todo en solo una noche. Establecer un temporizador te ayudaría a controlar tu tiempo y no exagerar. El orden total de tu casa puede no alcanzarse a una velocidad sobrehumana, pero se puede lograr a través de estrategias y métodos cuidadosamente establecidos, como un rompecabezas que luego se forma en una imagen más grande.

El desorden en tu vida es la causa de:

1. Estrés

2. Ansiedad

3. Mal humor

4. Depresión e

5. Ira

Estar libre de ellos puede hacerte vivir a tu máximo potencial. Esto, lo voy a cubrir en otro libro.

Finalmente...

Muchas gracias por tomarte el tiempo para leer este libro. Espero que transforme tu hogar en un hogar libre de obstáculos que será más acogedor. Si eso se hace, entonces mi objetivo de escribir este libro se logra. Una vez que tengas el truco de ordenar tu casa, podrías seguir despejando tu computadora e incluso tu área de trabajo. Habiendo aprendido una forma sistemática de organizar el hogar desordenado y caótico, ahora tienes el conocimiento de crear una técnica para ordenar todas las otras áreas de tu vida.

¡¡Gracias de nuevo!!

"No es el aumento diario sino la disminución diaria. Cortar en lo no esencial" - Bruce Lee

Conclusión

Al igual que lo que dije antes, el orden no tiene que ser perfecto, tiene que ser simple, agradable, divertido y funcional. No tienes que ser un genio para alcanzar y lograr embellecer tu propio hogar y organizarlo con estilo y gracia. Incluso te asombrarán los beneficios que recibirás como resultado de tu vida organizada y libre de obstáculos. Las ganancias que podrías obtener limpiando también serán el fruto de tu trabajo e incluso se extenderán para ayudar a otros en su aflicción financiera.

Podrías escuchar testimonios de personas que han tenido grandes avances en la vida cuando dieron un pequeño paso para liberarse del desorden que tienen durante años. Una de esas historias increíbles podría ser tuya. Imagínate en un hogar limpio, organizado y libre de obstáculos. Incluso tu familia y amigos verán ese cambio y querrían incluso vivir en tu casa. La gente comenzará a preguntar cómo hiciste esto o aquello y te buscarán consejos y pautas. Quién sabe, incluso podrías escribir tu propio libro o artículo un día y convertirte en el gurú de la organización.

Tú tienes tu futuro, tú tienes tu vida. ORGANIZAR tu hogar es un pequeño paso hacia una vida exitosa. Es cierto que un hogar organizado es una mente organizada. Tener el conocimiento para organizar y compartimentar cosas y artículos es un regalo que solo unas pocas personas tienen, y podría ser tuyo en este libro. ¿No te parece bonito ir a lugares con todas las mesas, puertas, sillas, utensilios en sus lugares apropiados? ¿No quieres vivir en un lugar donde todo está en orden? Una vez que hayas establecido tu casa de esta manera, observa las mayores posibilidades que podrías lograr en tu escuela, oficina e incluso en la comunidad. ¿Alguna vez pensaste que ser una persona con grandeza comienza simplemente arreglando tu cama?

Recuerdo que un oficial de alto rango le dijo una vez a su torpe y desordenado subordinado "¿Cómo podrías cambiar el mundo si no pudieras arreglar tu propia cama?". Esto es genuinamente cierto. No puedes evitar arreglar el caos de otras personas y provocar un cambio en sus vidas si no puedes arreglar tu propio lío.

Al igual que en tu hogar, también es empírico que te esfuerces más para ORGANIZAR tu propia computadora o negocio (si estás involucrado en una empresa comercial) con el mismo método exacto en el que comenzamos a ORGANIZAR tu hogar. Además, estoy muy contento de anunciar que comencé a trabajar en la escritura de algunos libros más dedicados sobre estos temas para poder seguir avanzando.

Ahora que has leído este libro, es hora de poner en práctica todos los principios. A medida que tengas éxito en este proyecto, no te olvides de compartir este libro con otros y hazles saber que organizar es una tarea fácil y factible. Entonces, levanta la cabeza porque estás a solo minutos de obtener la libertad a la que aspiras desesperadamente, la libertad de una vida ordenada, organizada y libre de desorden. ¡Disfruta este viaje conmigo mientras lo llevamos paso a paso a un hogar sin desorden!

¡Gracias y buena suerte!

Chloe s